Elisabeth Lukas
Familienglück

Elisabeth Lukas
Familienglück

VERSTEHEN
ANNEHMEN
LIEBEN

Kösel

ISBN 3-466-36578-3
© 2001 by Kösel-Verlag GmbH & Co., München
Printed in Germany. Alle Rechte vorbehalten
Druck und Bindung: Pustet, Regensburg
Umschlag: Kaselow-Design, München
Umschlagmotiv: Mauritius/PowerStock
Kalligraphien: Maria de Lourdes Stiegeler

*Gedruckt auf umweltfreundlich hergestelltem Werkdruckpapier
(säurefrei und chlorfrei gebleicht)*

*Dieses Buch widme ich meinem Mann,
mit dem ich seit mehr als 30 Jahren
unglaublich glücklich bin.*

ELISABETH LUKAS

Inhalt

DIE VORBEREITUNG FÜREINANDER

Familienglück bedeutet Seelenfrieden	11
Die »liebenswürdige« Ausstrahlung	17
Der Verzicht auf Dauerklagen	23
Die Sache mit dem Gebrauchtwerden	29
Hilfsbereitschaft, die den Helfer meint	35
Vom Gönnen und vom »Licht verschenken«	42
Die »Kleinodien« Zeit und Respekt	48
Verletzte Menschen danken nicht?	55
Verlorener Sohn – verlorener Vater?	62
Verzeihen braucht kein Vergessen	69

DAS GESPRÄCH MITEINANDER

»Kindereien« der Gesprächsführung	77
Labilität als Verständigungshindernis	82
Wie vieles hängt an der Kommunikation! ..	87
Fünf in Humor verpackte Todsünden	92
»Ich tu's nicht mehr, und basta!«	97
Drückeberger und Double-bind	103
Lachen als stärkende Vitaminspritze	109
Vom Missverständnis zur Feindschaft	114
»Circulus vitiosus« in der Ehe	120
Ein Schlüssel zum Wieder-gut-Werden	125

DIE LIEBE ZUEINANDER

Unglückliche Liebe gibt es nicht 133
Neuanfang nach dem Scheitern? 139
Friede trotz unterschiedlicher Werte 144
Zwei wichtige Tipps für Eheleute 150
Und wenn einer seelisch gestört ist? 157
Richtlinien für mit-leidende Angehörige 163
Realistisch-optimistische Weltsicht 168
Der inneren Stimme gehorchen 172
Die Liebe ist stärker als der Tod 178
Eine Bildgeschichte zum Ausklang 184

Anmerkungen 186
Über die Autorin 188

DIE VORBEREITUNG FÜREINANDER

Familienglück bedeutet Seelenfrieden

Reinhard Tausch, bekannter Psychotherapeut, Wissenschaftsautor und langjähriger Professor an der Universität Hamburg, hat im Jahr 1998 gemeinsam mit den beiden Psychologen *Nicola Richter* und *Markus Doll* eine größere Forschungsreihe an 432 Personen durchgeführt. Ziel seiner Untersuchung war eine Klärung der spannenden Frage, was Menschen seelischen Halt und seelische Kraft verleiht. Hier ein Auszug aus dem Ergebnisresümee dieser Untersuchung[1]:

1) Das, was als seelischer Halt und seelische Kraftquelle erfahren wird, wird in ca. 65% zugleich als sinnvoll/sinnerfüllend erlebt; und Sinnerfüllung im alltäglichen Leben hängt eng zusammen mit seelischer Gesundheit, dagegen wenig Sinnerfüllung/Sinnlosigkeit mit deutlichen seelischen Beeinträchtigungen.

2) Personen, die gemäß den Tests nachweislich lebenszufriedener waren, hatten deutlich mehr inneren Halt in Religion und Spiritualität (40%), in Partnerschaft (37%) und in Familie (33%); dagegen hatten lebensunzufriedene Menschen mehr Halt in Mitmenschen (44%), in Arbeit und Beruf (26%) und in Zielen (9%).

Was die Völker der Erde immer schon gewusst haben, wurde somit durch die moderne Psychologie bestätigt, nämlich, dass der Mensch eine Geborgenheit in der Liebe braucht, um sein Leben als sinnvoll annehmen zu können, sei es in der göttlichen Liebe, sei es in der mitmenschlich-familiären Liebe. Aber auch ohne aufwendige Experimente ist es jedermann einsichtig, dass der Mensch nicht allein aus sich selbst heraus in stabiler Zufriedenheit existieren kann. Zu brüchig und verletzlich ist seine Natur, in zu verworrenen Mustern umschlingen ihn die Schicksalsfäden und knüpfen ihn an grausige Bedingungen, aus denen es kein Entrinnen gibt. Die aufblühende Schönheit von gestern ist die verhärmte, gestresste Frau von heute. Der strahlende Held von heute ist der misslaunige Zittergreis von morgen. Dabei müssen wir noch froh sein, wenn die Generationenabfolge stimmt und nicht etwa die aufblühende Schönheit oder der strahlende Held zugrunde gehen, bevor sie verhärmt und misslaunig werden können! *Paul Reps* hat dies in der folgenden Weisheitsgeschichte geschickt auf den Punkt gebracht[2]:

WAHRES GLÜCK

Ein reicher Mann bat Sengai, etwas für das Glück seiner Familie aufzuschreiben, sodass es von Generation zu Generation im Gedächtnis behalten würde.

Sengai verlangte einen Bogen Papier und schrieb: »Vater stirbt, Sohn stirbt, Enkel stirbt.«

Der reiche Mann wurde ärgerlich. »Ich bat euch, etwas für das Glück meiner Familie zu schreiben! Warum macht Ihr solch einen Scherz?«

»Ich hatte nicht die Absicht, einen Scherz zu machen«, erklärte Sengai. »Wenn dein Sohn vor dir sterben würde, so würde dich das sehr bekümmern. Wenn dein Enkel vor deinem Sohn sterben würde, so würde dies euch beiden das Herz brechen. Wenn aber deine Familie Generation auf Generation in der Reihenfolge dahinscheidet, die ich genannt habe, so ist das der natürliche Ablauf des Lebens. Das nenne ich wahres Glück.«

Wer ernsthaft darüber nachdenkt, wird sogleich zustimmen. Es ist gewissermaßen schon ein Segen, die Eltern zu verlieren und nicht etwa die Kinder ...

Weniger selbstverständlich ist ein anderes Detail aus der Studie von *Reinhard Tausch*. Offenbar können Singles genauso gut wie in Gemeinschaften lebende Personen inneren Halt, Kraftquellen und Sinn in ihrem Leben finden. Trotzdem ist die Gesamtzufriedenheit derjenigen, die in einer Partnerschaft oder Familie leben, statistisch eindeutig höher. Arbeit, Beruf, individuelle Ziele, ja nicht einmal Freunde und Bekannte vermögen demnach aufzuwiegen, was die familiäre Verbundenheit und religiöse Rückgebundenheit dem Menschen zu gewähren vermögen. Wieder landen wir beim Stichwort »Geborgenheit«. Fragen wir: Was ist das überhaupt in unserer vergänglichen Welt? Nun, Geborgenheit ließe sich definieren als ein (rational nicht begründbares) Ur- bzw. Vorwissen, *bedingungslos wertvoll und wertgeschätzt* zu sein. Sozusagen von Anbeginn an ohne Wenn und Aber. Diese Definition erinnert mich an eine Großmutter, die mir einst erzählte, dass ihre 4-jährige Enkeltochter sie gefragt hätte: »Oma, wo war ich, bevor es mich gab?« Ich war neugierig: »Was haben Sie Ihrer Enkeltochter geantwortet?« Die Oma lächelte: »Ich habe der Kleinen gesagt: ›*Du warst in der Liebe versteckt.*‹ Sie hat altklug genickt und ist summend davongehüpft.« Überlegen wir: Hat die Großmutter ihre Enkeltochter angelogen, hat sie ihr die Welt schöngebügelt? Ich meine, sie hat dem Kind in sechs schlichten Worten die grandiose Wahrheit vermittelt, dass es geborgen ist – seit Ewigkeit und in Ewigkeit. Applaus für die Oma!

Drücken wir es zusammenfassend so aus: Die erste und letzte Geborgenheit ist nicht von dieser Welt. In sie hinein streckt der religiöse Mensch seine haltgebenden Wurzeln. Die höchstmögliche irdische Geborgenheit jedoch, die wir kennen, bietet die intakte Familie. Sie leistet, was keine Institution oder berufliche Gruppierung leisten kann, nämlich die bedingungslose Wertzusprechung und Wertschätzung ihrer Mitglieder. Ob eines jung oder alt, gesund oder krank, nützlich oder untauglich ist, spielt für die intakte Familie eine untergeordnete Rolle. Als Mitglied ist es »unser Baby«, »unser Bruder«, »unsere Mutter« usw., es ist gleichsam »in der Liebe seiner Angehörigen versteckt«. Und dies auch ohne Titel und Würden, Besitztümer und Ämter ... notfalls als nacktes Menschlein in seiner ganzen Hilflosigkeit. Nirgendwo auf Erden sind wir (normalerweise) so sehr *um unserer selbst willen* gemocht und willkommen wie in unserer Familie! Kein Wunder, dass Personen mit einem tiefen Glauben und/oder guten familiären Beziehungen häufig ihr Leben bejahen – wissen sie sich doch selber in tragendem Umfang bejaht.

Leider allerdings muss eine Familie nicht intakt sein. Sie kann kränkeln, auseinander brechen, gar zum Kriegsschauplatz pervertieren. Dann verlieren ihre Mitglieder nicht einfach bloß Partner oder Blutsverwandte. Sie wechseln nicht nur gewohnte Kontakte, gemeinsame Aktivitäten oder vertraute Räumlichkeiten. Weitaus Tragischeres geschieht: Der Ort höchstmöglicher irdischer Geborgenheit rückt für sie in unerreichbare Ferne. Künftig werden sie sich bemühen und wieder bemühen, Anerkennung und Zuwendung seitens ihrer Mitmenschen zu erringen und stets die Erfahrung machen, etwas Konkretes dafür einbringen zu müssen. Ist jemand ein tüchtiger Manager, wird man ihn hofieren. Ist er ein fleißiger Bediensteter, wird man ihn wohlwollend entlohnen. Ist er ein brillanter Redner, wird man ihn zu Vorträgen einladen. In dem Augenblick aber, da seine Tüchtigkeit, sein Fleiß oder seine rhetorischen Kräfte nachlassen sollten, wird man ihn mehr oder weniger höflich ausrangieren. Im Freundeskreis geht es sanfter zu. Dennoch reduzieren sich auch die Freunde, die man hat, in Phasen physischer, psychischer oder ökonomischer Engpässe auf die sprichwörtlichen »Raritäten«. Das mitmenschliche Geborgensein verdünnt sich schnell ...

Mir liegt eine Aufzeichnung der deutschen Telefonseelsorge aus dem Jahr 1994 vor, bei der die Problemfelder und Gesprächsanliegen von 100.000 Anrufern grobklassig registriert worden sind. Laut Datenanalyse haben damals

56 % der Anrufer/innen – familiäre Probleme,
28 % der Anrufer/innen – Probleme mit sich selbst,
16 % der Anrufer/innen – sonstige Sorgen

genannt. An den Prozentsätzen wird sich inzwischen nicht viel geändert haben. Die familiären Konflikte umkreisen die Verzweiflungsspitzen unserer Gesellschaft wie die Bergdohlen die Felsen der Alpen – in der Bereitschaft, jederzeit auf ihre Beute niederzustoßen. Es ist nicht zu leugnen: Familienglück ist unersetzbar. Es bedeutet Seelenfrieden. Es bedeutet Zuhausesein. Es bedeutet pures Selbstseindürfen. Wer es verspielt, gelangt vielleicht zur Seelenruhe des Waffenstillstandes, aber kaum darüber hinaus. Freilich bestätigen Ausnahmen die Regel. Nur sind Ausnahmen eben die unwahrscheinliche Variante des Gesetzes der großen Zahl. Und wer möchte schon auf Unwahrscheinlichkeiten bauen?

Im vorliegenden Buch will ich einige fundamentale »Stützpfeiler« glückenden Familienlebens beleuchten. Keiner davon ist neu; wie könnte er es auch sein bei einer jahrtausendealten Sozialisationsgeschichte des homo sapiens? Keiner ist dem Leser unbekannt bzw. gesundem Menschenverstand fremd. Dennoch will mir aufgrund meiner 30-jährigen klinisch-psychotherapeutischen Praxis scheinen, dass die ausgewählten »Stützpfeiler« für ein harmonisches Miteinander in der Familie besonders unentbehrlich sind, jenen neuralgischen Betonbalken gleich, die bei ihrer Elimination ein mehrstöckiges fest gefügtes Gebäude innerhalb von Sekunden einstürzen lassen würden. Ich wünsche mir, dass meine kleinen Hinweise und Geschichten solches verhindern und stattdessen mithelfen mögen, das Gebäude zu stabilisieren, zu renovieren und für die nächste Generation mit Froh-Sinn zu erfüllen.

Welches Gebäude? Na das, in dem unsere Seelen wohnen.

> Die intakte Familie ist der Ort höchstmöglicher irdischer Geborgenheit.

Die »liebenswürdige« Ausstrahlung

Jedermann hat das dringende Bedürfnis, geliebt zu werden. Wer aber soll sein Liebesbedürfnis stillen? Aus Sicht des Jedermanns natürlich die »anderen«. Doch jene »anderen« verspüren ihren eigenen Liebeshunger und sind vollauf damit beschäftigt, selber satt zu werden. Schließlich erhebt Jedermann Anspruch darauf, endlich auch einmal an die Reihe zu kommen. Die »anderen« lachen ihn aus. »Schau in den Spiegel«, rufen sie, »wie kann man dich lieben?« Jedermann ist gekränkt. Er schwankt zwischen Toben und Winseln, Aggression und Depression. »Ihr könnt mir alle den Buckel hinunterrutschen«, knirscht er mit den Zähnen. Die »anderen« nicken unbeeindruckt und zeigen mit den Fingern auf ihn: »Wir haben es ja gesagt, einen wie dich kann man nicht lieben!«

Nicht wenige Männer und Frauen manövrieren sich im Laufe ihres Lebens exakt in die Lage Jedermanns hinein. Sie möchten sich ein ordentliches Stück vom Kuchen der Liebe abschneiden. Sie greifen danach, aber andere sind vor ihnen da oder drängen sie weg. Der Kuchen schrumpft vor ihren Augen und bald bleibt nichts mehr für sie übrig. Was ist los? Sind die anderen so böse? Ist der Kuchen so klein? Es ist komplizierter. Die Jedermanns der Welt hören es zwar nicht gerne, aber ein gehöriger Teil liegt an ihnen selbst. »Schau in den Spiegel ... dich kann man nicht lieben!« Da ist etwas Wahres daran!

Wer geliebt werden will, muss »liebens-würdig« sein und sich dementsprechend verhalten. Er muss eine Ausstrahlung besitzen, die der Liebe den Weg ebnet. Häufig höre ich in der Eheberatung den Satz: »Mein(e) Partner(in) lockt alles Hässliche und Gemeine aus mir hervor«. Ich habe das lange

Zeit für eine bequeme Ausrede gehalten. Nachdem sich derlei Aussagen in den Familiensitzungen jedoch auffällig wiederholt haben, bin ich ihnen intensiver nachgegangen und auf eine massive Paradoxie gestoßen. Der nach Liebe gierende Mensch, der »ewig zu kurz Gekommene«, benimmt sich tatsächlich in der überwiegenden Mehrzahl aller Fälle *liebesabstoßend*. Er klammert wachsam an jeder neuen Bekanntschaft und raubt ihr die Luft zum Atmen. Er überinterpretiert winzige Freundlichkeitsbekundungen als Treueschwüre. Er deutet fremde Interessen, die er nicht teilt, als gefährliche Konkurrenten. Er hält Alleingänge von Nahestehenden für persönliche Vernachlässigungen und Betrügereien. Er bezieht jegliche Äußerung seines Gegenübers auf sich und missversteht offene Worte als Kritik. Selber hypersensibel, scheint er völlig unsensibel für andere Leute zu sein und grundallergisch auf sämtliche Zufallsereignisse, die seine eigene Geltung irgendwie schmälern könnten. In der seltsamen Mischung von panzerähnlicher innerer Verhärtung und extrem dünnhäutiger Verwundbarkeit wird er jedem zum sphinxhaften Plagegeist, der sich längerfristig auf ihn einlässt.

Die genannte Paradoxie weist Parallelen zu einem von dem Wiener Psychiater und Neurologen *Viktor E. Frankl* (1905–1997) entdeckten Phänomen auf. Im gesunden menschlichen Leben stellen Lust und Freude Nebeneffekte innerer Sinnerfüllung dar. Zunächst steht der angepeilte Sinn einer Sache oder einer Unternehmung im Zentrum unserer Absichten, *unabhängig davon*, ob der Nebeneffekt Lust und Freude eintreten wird oder nicht. Beispielsweise geht niemand »aus Lust« zu einer Krebsvorsorgeuntersuchung, sondern einzig, weil er eine solche für sinnvoll erachtet. Ebenso spendet niemand »aus Lust« für die Hungernden in Afrika, sondern deshalb, weil ihm der Sinn einer solchen Spende einleuchtet. Die Lust ist, wie gesagt, nicht das Zentralelement unseres Strebens, sondern die nachschwingende Begleitung sinnorientierten Handelns. Hat man die längst fällige Vorsorgeuntersuchung hinter sich gebracht, hat man für die Opfer einer Dürrekatastrophe gespendet, stellt sich ein »gutes Gefühl« ein, ein »affektiver Nachhall«: Es war richtig, was man tat.

Die Umkehrung funktioniert absolut nicht. Man kann Lust und Freude nicht tendenziell mittels sinnvollem Handeln erzeugen. Kaum ein Mensch geht zu einer Vorsorgeuntersuchung, *um* nachher ein gutes Gefühl zu haben. Er tut es, um ernsten Erkrankungen rechtzeitig vorzubeugen. Analog zahlt man auch nicht Geld ein, *um* sich nachher wohler zu fühlen, sondern um eine Hungersnot zu lindern. Würde jemand wirklich um des Lustgewinns willen zur ärztlichen Kontrolle gehen, wäre er abnormal, nämlich zwanghaft oder masochistisch veranlagt. Würde jemand wirklich zur eigenen Befriedigung Geld spenden, wäre er ebenfalls nicht normal, sondern vielleicht von einem irrationalen Schuldkomplex besessen oder einem Helfertick verfallen. Es ist schon eigenartig: Man kann nichts – rein gar nichts! – tun, *um* glücklich zu werden, das einem Glück einbrächte. Je verkrampfter die Absicht, desto schlechter das Ergebnis. Was man hingegen tun kann, ist, aus echten Motiven heraus *sinnvoll zu leben und sinnvoll zu handeln* und sich vom Glück überraschen zu lassen.

Das Gleiche gilt für jegliches Beziehungsglück. Man kann nichts – rein gar nichts! – tun, um es für sich zu erhaschen. Aber man kann sich feinfühlig, großzügig, tolerant, aufmerksam, unaufdringlich und respektvoll seinen Mitmenschen zuwenden und solcherart gegenseitig wachsender Zuneigung Raum geben. »Wenn du das Wort ›Glück‹ begreifen willst, musst du es als Lohn und nicht als Ziel verstehen«, schrieb *Antoine de Saint-Exupéry* in seinem Booklet »Die Stadt in der Wüste«.

Hier ein Beispiel zur Differenzierung sinn-echter und sinn-unechter Motive und ihrer Folgen:

HYPOTHETISCHES BEISPIEL:

Zwei kinderlose Frauen gehen auf einen Spielplatz, um mit den dort herumtollenden Kindern zu spielen.
Frau Nr. 1 möchte sich, nachdem ihr eigene Kinder versagt geblieben sind, wenigstens auf diesem Wege das Vergnügen verschaffen, mit Kindern Kontakt zu haben. Was sie anpeilt, ist eine Verbesserung ihrer Laune, eine Linderung ihres Kummers und ihres Neides auf fremde Mütter. Frau Nr. 2 überlegt sich, dass sie, ungebunden und frei von familiären Verpflichtungen wie sie ist, Zeit erübrigen könnte, fremde Mütter zu entlasten bzw. sich stundenweise unbeaufsichtigt-verwahrloster Kinder anzunehmen. Der ersten Frau geht es um ihren seelischen »Zustand«, der zweiten um einen »Gegenstand« in der Außenwelt, um Schlüssel- und Straßenkinder, deren Mütter tagsüber abwesend sind.

Wir diskutieren hier nicht den moralischen Wert der Spielhandlungen beider Frauen. Solange sie sich als hilfsbereit erweisen, mag ihr Motiv hintanstehen. Wir fragen nach den zu erwartenden Effekten auf ihr Innenleben. Frau Nr. 1 wird sich bei der Beschäftigung mit den fremden Kindern wohl fühlen. Schließlich jedoch muss sie damit aufhören und in ihre leere Wohnung zurückkehren. Es ist zu befürchten, dass dort der ganze Schmerz über ihr Alleinsein erneut über sie herfällt, dass Eifersucht und Missgunst den fremden Müttern gegenüber, die sich einer Familie rühmen können, erneut sie packen und die alte Trauer wieder da ist. Sie, die ihren seelischen Zustand hat aufhellen wollen, entkommt der »abendlichen Düsternis« nicht.

Demgegenüber erfährt Frau Nr. 2 auf dem Spielplatz ein Sinnerlebnis, das anhalten wird. Sie hat wilde Kinder gebremst, schüchterne Kinder ermuntert, weinerliche Kinder zum Lachen gebracht. Sie hat eine Lücke geschlossen, die ohne sie geklafft hätte. Prima! Schon auf dem Heimweg nimmt sie das Bewusstsein mit, den Nachmittag nutzvoll gestaltet und ihr Ziel, mit dem sie aufgebrochen ist, erreicht zu haben. Es ist denkbar, dass sie sich im Anschluss daran gerne erholt und es in der häuslichen Stille ihrer vier Wände sogar besonders gemütlich findet. Sie, die andere erfreuen wollte, gewann an Freude. Die »Gegenstände« der Welt »revanchieren« sich eben auf ihre Weise: Jedes Löffelchen ihnen gewährten (selbstlosen) Engagements tauschen sie um in einen Löffel satter Zufriedenheit.

Lernen wir daraus, dass es eine Kompensation im Positiven wie im Negativen gibt. Im Negativen verschärft sie die Frustration, die sie kompensieren sollte; das bezweckte Glück bleibt aus. Im Positiven neutralisiert sie die Frustration, indem sie die Sinnerfüllung vermehrt. Und Sinn – beglückt.

Josef Seifert, Rektor der »Internationalen Akademie für Philosophie« in Liechtenstein, hat einmal im Rahmen einer Lehrveranstaltung sechs *Grundhaltungen der Person* zusammengetragen, die seiner Meinung nach unverzichtbare *Bedingung für Sinnfindung und Sinnverwirklichung* sind. Sie lauten:

1) Ehrfurcht als angemessene sittliche und religiöse Grundhaltung vor allen Dingen und aller Wahrheit, vor dem Schönen, der lebendigen Natur, Personen und dem Heiligen.

2) Dankbarkeit als Quelle der Erkenntnis des Sinnes und des Guten in unserem Leben.

3) Geduld als angemessene Haltung angesichts von Leiden und Hindernissen bei der Realisierung eigener Sinnziele.

4) Demut als angemessene Haltung einer endlichen Person angesichts der Grenzen eigenen Seins und eigener Sinnverwirklichung.

5) Die Rolle des Verzeihens und der Reue bei der Sinnfindung angesichts vergangener Verfehlungen anderer Menschen und eigener Schuld.

6) Liebe und Hoffnung als Quelle tiefster Sinnfindung.

Das ist gleichzeitig eine exzellente Aufzählung just derjenigen Eigenschaften, die Menschen familien- und partnerschaftsfähig sein lassen. Ach, könnten doch die vielen Jedermanns in unserer Gesellschaft mit ihrem dringenden Bedürfnis, geliebt zu werden, sich bloß diese sechs Grundhaltungen erarbeiten! Sie hätten keinerlei Schwierigkeiten mehr, ihren Hunger zu stillen! Vom großen Kuchen des Beziehungsglücks würde ihnen mehr zufallen, als sie sich jemals vorgestellt haben.

> Um geliebt zu werden,
> muß man sich
> "der Liebe würdig" verhalten.

Der Verzicht auf Dauerklagen

Freilich ist die Erarbeitung der genannten Grundhaltungen schwer und noch dazu niemals abgeschlossen. An der eigenen Ausstrahlung ist ein Leben lang zu feilen, und stets wird es Rückfälle geben. Schon *Johann Wolfgang von Goethe* bezweifelte, dass wir uns auf Dauer wandeln können. In seiner Metapher von den Fröschen spöttelte er[3]:

DIE FRÖSCHE

Ein großer Teich war zugefroren.
Die Fröschlein, in der Tiefe verloren,
Durften nicht ferner quaken noch springen,
Versprachen sich aber im halben Traum:
Fänden sie nur da oben Raum,
Wie Nachtigallen wollten sie singen.
Der Tauwind kam, das Eis zerschmolz,
Nun ruderten sie und landeten stolz
Und saßen am Ufer weit und breit
Und quakten wie vor alter Zeit.

Immerhin haben wir Menschen den Fröschen einiges voraus. Der schöpferische Geist durchweht uns und gestattet zumindest kleine Korrekturen unserer selbst. Vielleicht ist es auch für uns ein bisschen hoch gegriffen, wie die Nachtigallen singen zu wollen, aber das »Quaken« können wir uns abgewöhnen – und sollten wir, mit Blick auf unsere lieben Nächsten!

Es ist kein Zufall, wenn ich beim Thema »Abgewöhnen des Quakens« sofort auf das Thema »Verzicht auf Dauerklagen« zusteuere. Nichts belastet eine Familie so sehr wie ein riesiges Klagevolumen, das von einem oder mehreren Familienmitgliedern endlos repetiert und perpetuiert wird und die Köpfe und Herzen aller einnebelt. Um sich zu schützen, machen bald sämtliche Familienmitglieder dicht. Sie verschließen ihre Ohren, um nichts mehr davon hören zu müssen, das heißt, sie hören einander nicht mehr zu, was sie schnurstracks in die Entfremdung führt. Sie verschließen ihre Seelen, um nicht mehr daran zu leiden, das heißt, sie nehmen aneinander keinen Anteil mehr, was sie in die emotionale Abstumpfung drängt. Und sie verschließen ihre geistigen Wertkanäle, um die an sie heranbrandenden Entwertungen nicht zu spüren, was sie entweder zu chronischen Pessimisten oder zu boshaften Zynikern formt.

Damit will ich beileibe nicht behaupten, dass nicht gemeinsam über anstehende Sorgen gesprochen oder über schmerzliche Verluste geweint werden dürfte. Selbstverständlich darf sich einer an der Schulter des anderen anlehnen, dafür sind Partnerschaft und Familie ja da. Es dürfen auch gelegentlich alte Storys aufgewärmt werden, wenn einem danach zumute ist. Die eigene und gemeinsame Geschichte lädt immer wieder einmal zur Reflexion und Neuorientierung ein. Nur geht es nicht an, dass sie zum unauflösbaren, weil ständig von subjektiven (Fehl-)Deutungen, Schuldzuweisungen und Beschwerden genährten Dauerbrenner wird. Beziehungen sind lebende Systeme und wie jedes Leben zukunftsgerichtet. Beraubt man sie ihrer Zukunft und behängt man sie mit schweren Gewichten aus der Vergangenheit, verkümmern sie. Sie sind wie junge Bäume, die sich mit ihren langen, dünnen Wipfeln nach oben recken. Schnitte man ihnen die Wipfel ab und bände ihre restlichen Äste rücklings an den Stamm, würden sie verwelken.

Ich besitze die Tagebuchaufzeichnung einer Dame, die jahrelang in psychotherapeutischer Behandlung gewesen ist und zuletzt bei mir Rat gesucht hat. In ihrer Familie kriselte es gewaltig. Die Zeilen, die (mit ihrem Einverständnis) nachstehend abgedruckt sind, wurden von ihr nach unserem allerersten Gespräch niedergeschrieben:

TAGEBUCHAUFZEICHNUNG (AUSSCHNITT):

»Ich wollte am liebsten gar nicht hingehen. Noch an der Türe wollte ich umdrehen. Schon so viele Therapieversuche, und was haben sie geholfen? Es war immer dasselbe. Dann saß ich der Neuen gegenüber und wurde gefragt: ›Was führt Sie zu mir? Was ist Ihr Problem?‹

Plötzlich kam alles wieder hoch. Sollte ich nochmals von vorne anfangen mit meiner elenden Kinderzeit? Das kann ich nicht mehr ertragen. Tränen sammelten sich in meinen Augen; ich brachte keinen Ton heraus. ›Ich sehe, Sie haben manches durchlitten‹, sagte die Neue. ›Dann möchte ich meine Frage anders stellen. Gibt es einen Bereich in Ihrem Leben, der gesund ist? Der gelungen ist? Über den Sie aufrichtig froh sein können?‹

Abrupt horchte ich auf. Diese Frage war mir noch nie gestellt worden. Etwas Frisches und gänzlich Ungewohntes klang in mir nach. Aufrichtig froh sein …? Es weitete sich in mir, als verrutsche ein Panzer, der fest um meine Brust gelegen hatte. Ich wusste keine Antwort, aber die Frage begleitete mich nach Hause. Bestimmt haben wir viel Wichtiges besprochen, doch nur dies blieb mir in Erinnerung. Etwas Gelungenes in meinem Leben? Darüber muss ich nachdenken …«

Der »Panzer«, den die Patientin erwähnte, war ihre eigene lang gehegte Tendenz, überall das Betrübliche und Misslungene zu betrachten, was bewirkt hatte, dass sie sich als Betrogene, als *eine vom Leben Betrogene* verstand. Als jemand, der auf dem Gabentisch seines Daseins jene Geschenke vermisst, die er bestellt, erwünscht oder gar »verdient« habe.

Das aber ist Irrtum über Irrtum! Nichts ist wahrhaft verdient! Und je insistierender wir Gaben herbeiordern wollen, desto mehr entziehen sie sich uns paradoxerweise, wie wir bereits gelernt haben. Zugegeben, mitunter dünkt uns der Gabentisch einer Person ziemlich leer. Doch bedenken wir: der Tisch selber ist das Geschenk! *Dass* wir zum Dasein erwacht sind, *dass* wir trotz zahlreicher Gefahren noch da sind, ist das Geschenk! Was wir daraus machen, liegt bei uns – *wir* füllen die Leere, *wir* decken den Tisch.

FORTSETZUNG FALLBEISPIEL:

Auch die tagebuchschreibende Patientin war bestens dazu in der Lage, wie sich nach einigen ernsten »Aufklärungsgesprächen« herausgestellt hat. Sie gewöhnte sich – im Bild der Fabel – das »Quaken« ab, woraufhin ihr Mann und ihre beiden Töchter aufatmeten und die Beziehungsdistanz zu ihr abbauten. Im Schoß der Familie geborgen, überwand diese Dame allmählich ihre Kindheitstraumen.

Man beachte: ähnliche Lebensläufe können bei unterschiedlicher Betrachtung verblüffend unterschiedliche Resultate in Bezug auf Lebensqualität und Beliebtheitsgrad zeitigen. Dies wurde mir einst beim Besuch einer Selbsthilfegruppe für Blinde überzeugend demonstriert.

PERSÖNLICHE ERFAHRUNG:

Zwei Gruppenmitglieder waren relativ spät erblindet: ein Mann mit 17 Jahren, ein anderer mit 21 Jahren. Der eine führte ein zurückgezogenes Leben in Einsamkeit, Introversion und finanzieller Abhängigkeit. Der andere bewegte sich ungezwungen unter seinen Kameraden, war aufgeschlossen für jeden Spaß und übte fleißig für seine Gesellenprüfung. Der basale, aller gegenwärtigen Befindlichkeit zugrunde liegende Unterschied bestand in der Stellungnahme beider Männer zur Tatsache ihrer Erblindung.

Der 17-Jährige erklärte mir beim Mittagessen mit gepresster Stimme, wie schwer es für ihn sei, dass er nicht von Geburt an blind gewesen war, sondern als Kind normal habe sehen können. Dadurch wisse er, was er verloren habe und vergesse nie, was ihm für immer verwehrt sei. Beim Nachmittagskaffee lächelte der 21-Jährige in meine Richtung und meinte: »Zum Glück besaß ich mein Augenlicht jahrelang, wenn es auch schwächer und schwächer wurde. Dadurch habe ich die innere Vorstellung von Formen und Farben und kann mir in der Fantasie ausmalen, was mir optisch entgeht.«

Kein Wunder, dass Letzterer perfekt in den Kreis seiner Kameraden integriert war. Eine Ausstrahlung wie die seine zieht magnetisch an, was Signale der Verhärmung und Bitterkeit niemals tun.

In meiner Arbeit erreichen mich kontinuierlich Anrufe und Hilferufe von Menschen, die sich vom Leben betrogen fühlen. Pausenlos bringen sie zum Ausdruck, dass man ihnen böse mitgespielt hat, welch schlimme Ungerechtigkeiten sie erfahren haben und dass niemand genügend Verständnis für ihre Leiden aufbringt. Professionelle Helfer wie ich sind im Verständnis-Aufbringen gut durchtrainiert, trotzdem ermüden auch wir irgendwann bei Litaneien solcher Art. Es ist nicht zu leugnen, obwohl besonders tragisch, dass der Mitwelt die Kraft zur Empathie ausgeht, wenn sie regelmäßig mit langatmigen Jammertiraden überfordert wird. Wer kann, der flüchtet. Wer nicht kann, schaltet ab. So oder so fließen neue Wasser auf die Mühlen der »Lebensbetrogenen«, und diese drehen sich immerfort ...

Goethe dichtete vom großen, zugefrorenen (Beziehungs-?) Teich und den Fröschlein, die in der Tiefe verloren sind. All jenen, die sich mit der Situation der Fröschlein identifizieren, kann man nur raten,

1) auf den Tauwind zu vertrauen, und

2) sich »im halben Traum« – doch aus ganzem Herzen – zu versprechen, mit dem »Quaken« endgültig aufzuhören.

Weil sie Menschen sind, weil der geistige Funke in ihnen glüht, haben sie eine hervorragende Chance, sich zu wandeln. Mehr noch: Ihre Wandlung wird – der Tauwind sein.

> *Dauerklagen verscheuchen Mitgefühl und treiben in die Verlorenheit.*

Die Sache mit dem Gebrauchtwerden

Es wird Zeit, eventuellen Protesten zuvorzukommen, die aus einer falschen Interpretation meiner Worte aufkeimen könnten. In der Nachfolge *Viktor E. Frankls*, der mein Vorbild und Lehrer war, fühle ich mich dem »homo patiens«, dem leidenden Menschen, innigst verbunden. Ich verstehe mich dem Ausspruch *Frankls* verpflichtet, wonach der leidende Mensch höher steht als der tüchtige. Mir ist aber auch das breite Spektrum möglichen Umgangs mit Seelenschmerz bekannt. Ähnlich, wie es eine Kompensation im Positiven oder im Negativen gibt, gibt es einen heilsamen oder einen bedenklichen Umgang mit schmachvollen Ereignissen. Der heilsame verringert die Schmach, der bedenkliche vermehrt sie. Der heilsame richtet auf, der bedenkliche drückt nieder. Der heilsame schmiedet Familien zusammen, der bedenkliche stürzt sie ins Chaos. Daher plädiere ich für einen tapferen, sinnreichen und versöhnlichen Umgang mit dem Leid bzw. für eine Absage an die reine »Frustabfuhr im Wiederkäu«.

Zudem wirken die Gabentische der heutigen Menschen oft bloß deswegen so leer, weil übersehen wird, was man alles für diejenigen daraufgelegt hat, die mit zu Tische sitzen, oder weil man gar vergessen hat, etwas für sie daraufzutun. Es wird einzig beurteilt, was man selber darauf vorfindet, vom Schicksal oder anderen Menschen gnädig gestiftet. Da bleibt dann nicht viel übrig.

FALLBEISPIEL:

Einmal kam eine Patientin zu mir und erzählte, dass ihr 19-jähriger drogensüchtiger Enkelsohn, um den sie sich intensiv angenommen hatte, vor eineinhalb Jahren gestorben war, und dass sie sich seither seelisch nicht mehr erholen konnte. »Jetzt braucht mich keiner mehr«, schluchzte sie. Diesen Satz griff ich auf, denn er schien mir ein Schlüsselsatz ihres Kummers zu sein. Ich vermittelte der Patientin, dass ihre Trauer um ihren Enkelsohn nachvollziehbar war und geleistet werden musste – zum Andenken an den Toten, der in der Trauer unvergessen blieb. Irgendwie verewigt die Trauer ja das Betrauerte. Aber: Mit dem Nicht-mehr-gebraucht-Werden hatte ihre Trauer eigentlich wenig zu schaffen. Denn wäre alles ideal gekommen, wäre der Enkelsohn der Patientin geheilt worden, dann hätte er sie mit seinen 19 Jahren höchstwahrscheinlich auch bald nicht mehr gebraucht und wäre seiner eigenen Wege gegangen. Demzufolge hörte das Vom-Enkelsohn-gebraucht-Werden für die Großmutter im tragischen wie im idealen Falle auf, und es lag an ihr, sich trotz und neben ihrer Trauer um den Verstorbenen ein neues Gebraucht-Werden, eine passende Aufgabe zu suchen, was sie genauso im Falle seiner Gesundung und seines Weiterlebens hätte tun müssen. Das Nicht-mehr-gebraucht-Werden konnte dem Tod des Enkels nicht zugerechnet werden; es musste unabhängig davon bewältigt und abgestellt werden.

Als die Patientin dies einsah, erkannte sie gleichzeitig, dass die Tischplatte ihres Daseins gar nicht so leergefegt war, wie sie seit eineinhalb Jahren geglaubt hatte. Ihre ganze Liebe und Fürsorge, die sie dem jungen Mann hatte zuteil werden lassen, lag darauf ausgebreitet, ebenso wie sein Nicht-vergessen-Werden, das sie nach seinem Tode hinzugefügt hatte. Daneben war jedoch noch Platz. Platz für ein neuerliches Werk der Liebe – in einer Gemeinschaft, die ihrer bedurfte ..., ihrer und ihrer persönlichen Leiderfahrung, welche sie hochsensibel gemacht hatte für den Schmerz der Welt. In der Tat gelang es der Großmutter nach einiger Zeit, jenen freien Platz zu füllen. Sie reihte sich in die Reihe der ehrenamtlichen Laienhelfer in der Drogenberatung ein.

Ich habe anhand von zwei Frauengestalten dargestellt, dass Charisma und Beziehungsglück primär dem Einsatz entspringen, den man lauteren Herzens für seine Mitmenschen erbringt. Die unfruchtbare Frau, die sich ohne Hintergedanken mit Straßen- und Spielplatzkindern befasst, die Großmutter, die drogengefährdeten Jugendlichen die »Kurz«geschichte ihres Enkels warnend vor Augen hält, sind exzellente Musterbeispiele dafür. Selbstfindung und Selbstentfaltung können niemals Endziele menschlichen Strebens sein, sie sind viel eher Nebenprodukte kreativ ausgeschöpften verantworteten Lebens. *Viktor E. Frankl* verwendete dazu das schöne Gleichnis vom Mosaikbild, das auf die einzelnen Steinchen angewiesen ist, aus denen es sich zusammenfügt, aber umgekehrt auch den Steinchen die Chance eröffnet, für ein Größeres, Gesamtbildliches gut, wichtig und gebraucht zu sein, mithin individueller Bedeutungslosigkeit zu entrinnen. Er schrieb[4]:

ZITAT VON VIKTOR E. FRANKL:

»So, wie die Einzigartigkeit dem Mosaiksteinchen ausschließlich in Bezug auf das Ganze des Mosaiks Wert verleiht, so liegt der Sinn aller persönlichen Einzigartigkeit des Menschen ausschließlich in deren Bedeutsamkeit für ein übergeordnetes Ganzes. So weist der Sinn personaler Existenz als persönlicher, der Sinn menschlicher Person als Persönlichkeit, über ihre eigenen Grenzen hinaus, er verweist auf Gemeinschaft; in der Richtung auf Gemeinschaft transzendiert der Sinn des Individuums es selbst.«

Nun ist die Familie die engste und intimste Gemeinschaft, die man sich vorstellen kann. Also bietet sie ihren Mitgliedern die nicht zu unterschätzende Gelegenheit, über das Wahrnehmen familiärer Aufgaben zu einer sinnerfüllten Existenz vorzustoßen. Sie hat daseinserhaltenden und sinnspendenden Charakter. Die Frage ist nur, wie und in welchem Umfang ihre Mitglieder ihre jeweiligen familiären Aufgaben umreißen. Wohin gehört das einzelne Mosaiksteinchen? Verkehrt eingepasst würde es das Mosaik nicht ergänzen, sondern verunstalten. Gleichermaßen muss auch jede familiäre Aufgabe »passen«: zum Selbst und zu der kleinen Gemeinschaft, an die sie adressiert ist.

Bisher habe ich *eine* Aufgabe anskizziert, ich möchte sagen, die »Erststellige«, die »Mindestaufgabe«, nämlich den Verzicht auf Dauerklagen. Sie vermeidet die häufigste Ursache zwischenmenschlicher Fehden, wie sie etwa in folgendem Witz karikiert wird:

HUMOR:

Der Lehrer schaut Bernd ratlos an, während er ihm sein Aufgabenheft zurückgibt. »Bernd, Bernd«, mahnt er, »was soll ich mit dir machen? Du hast schon wieder zwölf Fehler in deinem Aufsatz!« – »Aber seien Sie doch ehrlich, Herr Lehrer«, kontert Bernd, »Sie suchen auch direkt danach!«

Ja, das direkte Suchen danach, was man den anderen – in pathologischen Variationen: sich, dem Leben, dem lieben Gott usf. – anlasten kann, bedeutet den Tod aller Beziehungen. Auch die Familie überlebt das nicht.

Wenden wir uns jetzt einem ebenso fragwürdigen »Kontrastprogramm« zu, dem direkten Suchen danach, sich bei anderen nützlich (und unentbehrlich?) zu machen. *Josef Seifert* war weise genug, die sich anbiedernde Hilfsbereitschaft nicht unter seine sechs Bedingungen für Sinnverwirklichung aufzunehmen. Freilich ist die Grenze zur spontanen und in ethischen Höhen angesiedelten Hilfsbereitschaft fließend. Dennoch lohnt es sich, diese Grenze von ungefähr im Blick zu behalten. Denn beim direkten Suchen nach Objekten (oder Subjekten), von denen man gebraucht werden könnte, tappt man leicht in die Falle der von *Frankl* eindrucksvoll nachgewiesenen Paradoxie. Plötzlich – nahezu unbemerkt! – geht es einem nicht mehr um das Objekt (oder Subjekt) und dessen Bedürftigkeit, sondern lediglich um die Stillung des eigenen Bedürfnisses, noch von irgendwem irgendwie gebraucht zu werden. Erinnern wir uns an die Großmutter aus dem vorigen Fallbeispiel und ihr Schluchzen: »Jetzt braucht mich keiner mehr!« Wir wollen ihr nicht unterstellen, dass hinter ihrem neuen Ehrenamt die pure Selbstsucht steckte, doch verläuft die Grenze zwischen Echtem und Unechtem manchmal im Zickzack ...

Im Familienverbund ist es wichtig zu begreifen, dass nur das Echte hilfreich ist. Analog zu den »Sinnbegleitern« Lust und Freude lässt sich das Gebrauchtwerden nicht tendenziell erzeugen. Ein persönliches Engagement in der Familie oder in einer Gemeinschaft »passt« zu jemandem, wenn es von ihm gut leistbar ist, ihn nicht (zumindest nicht monatelang) überstrapaziert, wenn es ferner jenen, die involviert sind, wahrhaft dient, und wenn der Betreffende, der es leistet, nichts anderes will, als jenen zu dienen. Das ist eine komplizierte aber goldrichtige Umschreibung der – nach dem Verzicht auf Dauerklagen – *zweit*wichtigsten familiären Aufgabe, die ich betonen möchte, nämlich der Kunst, in den Angelegenheiten der Angehörigen *förderlich* mitzumischen; nicht mehr und nicht weniger! Nicht weniger, sonst darben sie und man selbst verkümmert in sozialer Isolation. Ein Platz im großen Mosaikbild bleibt unausgefüllt. Aber auch nicht mehr, sonst dreht sich der Spieß um: Was unter Hilfsangebot läuft, wird zur beidseitigen Qual. Ein Mosaiksteinchen liegt quer über anderen und blockiert sie.

Einzig die liebevolle Verinnerlichung des Ganzen offenbart das vernünftige Teilmaß.

> Frankl: Der Sinn personaler Existenz verweist auf Gemeinschaft.

Hilfsbereitschaft, die den Helfer meint

Es gibt mithin eine nicht zu empfehlende Hilfsbereitschaft. Was sind ihre Merkmale? Betrachten wir einen Fall aus der Praxis, der leider kein Witz ist:

FALLBEISPIEL:

Eine Mutter suchte eine Erziehungsberatungsstelle auf und gab dort an, ihre Tochter im Alter von sieben Jahren habe Probleme, sich zu entscheiden. Der Berater bat um ein konkretes Beispiel. Die Mutter schilderte, wie sie jüngst mit ihrer Tochter einkaufen gegangen war. Nach längerem Anprobieren seien zwei Anoraks für das Mädchen zur Auswahl gestanden: ein roter mit praktischen Verschlusstaschen und ein blauer mit einer originell verzierten Kapuze. Die Tochter habe sich nicht zu entscheiden vermocht. »Was haben Sie dann getan?«, fragte der Berater die Mutter. »Na ja«, antwortete sie, »was sollte ich machen? Notgedrungen habe ich ihr beide Anoraks gekauft.«

Das innere Kopfschütteln des Kollegen, der mir von diesem Gespräch berichtet hat, kann ich gut nachempfinden. Solch einer Mutter kann man eigentlich nur zur Intelligenz ihrer Tochter gratulieren. Das Mädchen wäre ziemlich dumm gewesen, hätte es einen der beiden Anoraks ausgewählt ...

Analysieren wir das unpädagogische Verhalten der Mutter vom Standpunkt der Hilfsbereitschaft aus. Was wollte sie? Wollte sie ihrer Tochter ein Herzeleid ersparen? Sollte die Tochter keinem der zwei Favoriten nachweinen müssen? Oder wollte die Mutter sie aus einer Zwickmühle befreien? Wollte sie sie aus der Beschämung erlösen, unentschlossen vor einer vielleicht nervösen Verkäuferin im Geschäft dazustehen?

Wir wissen es nicht, aber leider sind dergleichen altruistische Motive falscher Hilfsbereitschaft selten. Realistischer ist, dass die Mutter einer Menge an *eigenem* Ärger hat ausweichen wollen. Dass es *ihre* seelische Kraftersparnis war, die sie im Auge gehabt hat und nicht die des Kindes, als sie kurzerhand für zwei Kleidungsstücke bezahlte; etwa nach dem Motto »dann ist Ruhe, dann können wir endlich nach Hause gehen, und es gibt auch später kein Geschrei mehr«.

Die nicht zu empfehlende Hilfsbereitschaft erkennt man im Prinzip daran, dass sie nicht hilft, weil sie nicht meint, was oder wen sie zu meinen vorgibt.

FORTSETZUNG FALLBEISPIEL:

Die genannte Mutter half ihrem Töchterchen keineswegs. Im Gegenteil ließ sie es ins offene Messer der Wohlstandsverwöhnung laufen. Sie vermittelte ihm die trügerische Botschaft, dass im Entscheidungsfall alles zu haben ist, wenn man nur stur genug in der Indifferenz verharrt. Sie lehrte es, dass im Ernstfall nichts Begehrtes losgelassen zu werden braucht, solange noch Menschen da sind, die man unter Druck setzen kann. Um einer kurzfristigen »Ruhe« willen belog sie es – »am Leben vorbei«!

Ob dies der Mutter bewusst war? Wer kann es sagen? Die Stadien zwischen Bewusstem und Unbewusstem sind gleitend nebulös. Doch selbst aus unbewussten Schichten klopft mitunter ein leises Unbehagen an die Wände des bewussten Personenzentrums und bittet um Gehör. Ganz freisprechen von Schuld können wir die genannte Mutter nicht.

Die falsche Hilfsbereitschaft meint kein Du. Sie meint ein Ich. Ein Mann drängt seiner Frau jeden Handgriff Unterstützung auf in der Hoffnung, sie werde ihn irgendwann mehr schätzen als bisher. Eine Frau liest ihrem Mann jeden Wunsch von den Augen ab in der Hoffnung, er könne bald ohne sie nicht mehr auskommen. Ein Sohn ist seinen Eltern kriecherisch schmeichelnd zu Diensten aus Angst, sie könnten ihn verstoßen. Eltern überhäufen ihren Sohn mit zahllosen klugen Ratschlägen aus Sorge, er könnte ihnen Schande machen. Derlei Kurzbeschreibungen sind endlos fortsetzbar. Dabei meinen alle diese super-hilfsbereiten Leute *sich und nichts als sich*: ihr Gemochtwerden, ihre Wichtigkeit für andere, ihr Verschontbleiben vor Disharmonien, ihr nobles Prestige, ihren Machteinfluss, ihr künstlich auffrisiertes Selbstwertgefühl. So viel Verschiedenes meinen sie, bloß nicht, was einem Du wirklich wohl tut!

Manchmal ist der Knäuel pseudo-altruistischer Fäden schwer zu entwirren, weil sich nachgiebig-gütige und durchaus dem Du zugewandte Tendenzen mit ihrem Silberglanz hineinweben. Wo endet dann die Schwäche, wo beginnt die Liebe? Auf der Suche nach einem sicheren Unterscheidungskriterium haben wir vorhin festgestellt,

a) dass die nicht zu empfehlende Hilfsbereitschaft *nicht hilft*, nämlich dem Du, dem sie (in Wahrheit eben nicht!) gilt.

Dem sei als weiteres Erkennungsmerkmal hinzugefügt,

b) dass sie häufig sogar *schadet*, nämlich dem Ich, das sich – aus welchen Motiven auch immer – zu ihr entschließt.

Gesundheit und Krankheit, Fröhlichkeit und Griesgram eines Helfers hängen tatsächlich eng damit zusammen, ob er förderlich in die Schicksale anderer Menschen eingreift oder nicht und ob er sich diesbezüglich in Illusionen hüllt oder ernsthaft Rechenschaft ablegt. Hier ein Beispiel, das die Komplexität solcher Zusammenhänge zeigt:

FALLBEISPIEL:

Es handelte sich um eine Frau, bei der sich eine hartnäckige Herzneurose etabliert hatte. Obwohl ihr Herz organisch in Ordnung war, konnte sie ihren Beruf nicht mehr ausüben und getraute sich auch sonst kaum irgendwelche Tätigkeiten zu verrichten in der panischen Angst, ihr Herz könnte bei der kleinsten Anstrengung versagen.

Als sie bei mir saß, überschwemmte sie mich mit einem Wortschwall und lieferte mir zu ihren Krankheitssymptomen sofort die ursächlichen Erklärungen aus ihrer Krankheitsgeschichte – wie sie sie verstand – hinzu. Sie sei in einem Wirtschaftsbetrieb als Buchhalterin angestellt und dort emotional total überfordert gewesen. Aber nicht deshalb, weil ihr die Arbeitsmenge über den Kopf gewachsen sei, sondern weil ihr Chef ständig seine Sorgen und Eheprobleme bei ihr abgeladen habe. Auf meine Frage, warum sie darauf eingegangen sei, antwortete sie, der Chef habe ihr Leid getan. Zur selben Zeit habe ihr eigener Ehemann noch die Abschlussprüfungen seines Studiums zu absolvieren gehabt und folglich nichts verdient. Dies sei der Grund gewesen, warum sie nicht habe kündigen können, um sich nach einem geeigneteren Arbeitsplatz umzusehen. Allmählich sei ihr alles zu viel geworden, bis sie seelisch »durchbrannte«, und ihre psychosomatischen Beschwerden auftraten.

Oberflächlich betrachtet könnte man sich der Auffassung anschließen, die tägliche Stresssituation, noch dazu unter dem Druck des Geld-verdienen-Müssens, habe die junge Frau geschädigt. Sie, die aus reinem Mitleid mit ihrem Chef dessen Lasten mitgetragen und aus reiner Solidarität mit ihrem Mann dessen Unterhalt gewährleistet hatte, habe sich dabei übernommen. Nur – die Logik stimmte nicht. Denn jemand, der weiß, wozu er ein Opfer bringt, dem der tiefere Sinn seines Opfers vorschwebt, wird von seiner Opferbereitschaft nicht ausgepowert, sondern vielmehr gestärkt. Wäre meine Patientin wirklich eine Frau gewesen, die die (Dauer-?) Klagen ihres Vorgesetzten geduldig mit anhörte, um ihm eine gewisse Erleichterung zu verschaffen, hätte sie zwar mit ihm gefühlt, wäre aber abends aus dem Büro heimgegangen im Bewusstsein, neben korrekten Bilanzierungen auch ein menschlich gutes Werk verrichtet zu haben, und das heißt: mit sich zufrieden. Wäre sie wirklich die Frau gewesen, die eine unangenehme Tätigkeit aufrecht erhielt im selbstlosen Bestreben, ihrem Mann den ungestörten Studienabschluss zu ermöglichen, wäre sie sogar stolz auf sich gewesen, froh über diese Chance, ihre eheliche Kameradschaft unter Beweis zu stellen. Aus dem inneren Gleichklang mit sich selbst wären ihr die nötigen Kräfte zugewachsen, und niemals wäre sie in eine Neurose hineingeschlittert.

FORTSETZUNG FALLBEISPIEL:

Also musste in ihrer Geschichte ein Denkfehler stecken, deshalb gingen wir sie Punkt für Punkt gemeinsam nochmals durch. Was kam zum Vorschein? Die Arbeitsstelle war ihr gar nicht so unsympathisch gewesen, wie zunächst geklungen, weil sie dort hervorragend bezahlt, ja, überbezahlt worden war, was sie sonstwo kaum erhoffen hätte können.

Auch der Chef war ihr nicht so unsympathisch gewesen, wie sie (sich und mich) hatte glauben machen wollen. Er hatte sie offenbar in die Rolle der Trösterin gedrängt und war ihr dabei immer näher gerückt, was in ihr die Gewissensangst geschürt hatte, dass zwei Ehen auf dem Spiel standen: die ihres Chefs und ihre eigene, und dass es vorrangig an ihr lag, über die weitere Entwicklung der Dinge zu entscheiden. Somit war gar nicht unbedingt das Ausharren am Arbeitsplatz das Sinnvollste gewesen, und ihr Gewissen hatte eher für einen Wechsel plädiert, den sie jedoch wegen der damit verbundenen Mühe und finanziellen Verschlechterung abgelehnt hatte. Hin- und hergerissen zwischen der Verführung durch Chef und Geld einerseits und der trotz allem vorhandenen Anhänglichkeit an ihren Mann andererseits war der jungen Frau nur noch die Flucht in die Krankheit übrig geblieben, um dem Dilemma zu entrinnen.

Nachdem wir der falschen Hilfsbereitschaft auf die Spur gekommen waren, musste die Patientin lernen, ihre Krankheit neu zu beurteilen. Sie sollte sich von der Idee freistrampeln, dass sie ein bemitleidenswertes Opfer ihrer Lebensumstände war, ausgenützt, überfordert etc., und sollte sich zu einer inneren Haltung durchringen, der gemäß sie durchaus bereit war, (nicht Opfer zu sein, aber) Opfer zu bringen; allerdings einzig dann, wenn es etwas gab, *das ihr Opfer wert war*. Gab es das? Die junge Frau nickte unter Tränen. Ihr Mann habe sich seit ihrer Erkrankung rührend um sie gekümmert, sie habe überhaupt nicht gewusst, wie viel sie ihm bedeute. »Ausgezeichnet«, sagte ich zu ihr. »Jetzt haben Sie die Wahl, welchen Platz Sie Ihrer Krankheit künftig zuweisen wollen. Sie kann ein perfektes Mittel sein, um über kontinuierlich drohende Herzanfälle die beständige Fürsorge Ihres Mannes anzumahnen. In diesem Fall werden Sie nie gesunden, und Ihr Mann wird voraussichtlich doch einmal in seiner Fürsorge für Sie ermüden. Sie können Ihre Herzneurose aber auch als einen Preis erachten, den Sie freiwillig entrichtet haben, um den Kontakt mit Ihrem Chef zu unterbrechen, und das heißt, um Ihrem Mann letztlich die Treue zu halten. In diesem Fall wäre Ihre Krankheit gleichsam der Umweg, über den sich Ihr eigenes Gewissen durchgesetzt hat.«

Die Frau fand den Umweg-Gedanken sehr schön und beschloss, ihn zu adoptieren. Dann, fügte ich hinzu, sei der Umweg aber mittlerweile überflüssig geworden, weil sie mit ihrem Ausscheiden aus dem Arbeitsprozess längst am Ziel angelangt sei. Deshalb solle sie ab sofort, wenn die Angst vor einem Herzversagen sie wieder packe, unbeirrt in ihrer jeweiligen Tätigkeit fortfahren und sich dabei denken: »Diese Angst werfe ich auch noch mit hinein in den Topf all dessen, was mir die Liebe zu meinem Mann wert ist – und wenn der Topf voll ist, werde ich gesund sein!«

Es dauerte keine sechs Wochen und die Frau war von ihrer Herzneurose genesen.

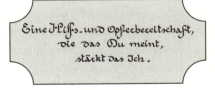

Eine Hilfs- und Opferbereitschaft, die das Du meint, stärkt das Ich.

Vom Gönnen und vom »Licht verschenken«

An dieser Stelle sei mir eine Zäsur gestattet. Werden die beiden gigantisch krisenverhütenden Aufgaben in der Familie, die wir bisher beleuchtet haben, erfüllt, nämlich

1) auf Dauerklagen bzw. ununterbrochene Betonung negativer Erfahrungen oder Visionen zu verzichten, und

2) nicht weniger aber auch nicht mehr einander zu »helfen«, als für alle Beteiligten förderlich ist,

dann ist das Gesamtmosaik gemeinschaftlichen Zusammenlebens schon auf dem besten Weg, ein wahres Kunstwerk zu werden ... vorausgesetzt, der »Kitt« hält, der die Mosaiksteinchen mit ihrem Untergrund verbindet. Unter »Kitt« verstehe ich die kleinen zärtlichen Gesten, die Ausdruck von dauerhafter Freundschaft und geistiger Nähe sind, sowie die (nicht bloß formalen) Geschenke, die zwischen Personen ausgetauscht werden, um einen Bund immer wieder aufs Neue zu besiegeln. Gesten und Geschenke schützen etwas Kostbares, fast Heiliges, vor dem Untergang im Alltag. Sie schützen das Ja des einen zum anderen, das oft jahrzehntelang nicht (mehr) ertönt, das nicht explizit in Klarheit ausgesprochen wird, vor dem Abdriften in Vergessenheit. Wie ein kaum vernehmbarer Wisperhauch oder ein zarter Duft erinnern sie daran, an dieses Ur-Ja, das nur Sinn hat, wenn es bedingungslos gilt, von Person zu Person, in guten und in schlechten Phasen, im Jauchzen der Seligkeit und in der Glut der Verzweiflung.

Der »Kitt« selbst hat im Bild unsichtbar zu bleiben. Er

darf nicht zu dick aufgetragen, darf nicht »zur Schau« gestellt werden, sondern muss hinter dem Rücken der einzelnen Mosaikteilchen verschwinden als gäbe es ihn nicht. Für sich allein genommen ist er auch nichts, jedenfalls nichts Wesentliches. »Kitt solo« ist ähnlich wertlos, wie inhaltsleere Gesten und pure Pflichtgeschenke wertlos sind. Im Kontext der Befestigung jedoch, die der »Kitt« leistet, dort, am »Rücken des Eigentlichen«, avanciert er zum Medium des Wertvollen. Analog avancieren Geschenke im Kontext der Befestigung einer Liebe zum himmlischen Brot.

Hier ein paar Tipps bezüglich zwischenmenschlicher Gaben, die am allermeisten Freude bereiten:

Unumstrittener Testsieger bei sämtlichen »Geschenkwettbewerben« ist meines Erachtens das *Gönnen*. Ich wünschte, mir fiele ein modernerer, griffigerer Ausdruck dafür ein, doch ist mir keiner bekannt. Was hat es also mit dem Gönnen auf sich? Insbesondere im engen Familien- und Bekanntenkreis fällt es Menschen unheimlich schwer, einander Angenehmes zu gönnen. Als wären sie von Geburt an Konkurrenten, belauern sie einander von früh bis spät, und was der eine nicht bekommt, darf der andere auch nicht haben. Bereits Geschwister beobachten eifersüchtig, ob eines von ihnen bevorzugt oder bevorteilt wird und protestieren mit offener oder verdeckter Aggression, wenn sie glauben, es sei so. Die Eltern ihrerseits wachen verkniffen darüber, dass der Partner oder die Partnerin kein Stäubchen mehr Zuneigung an die Kinder verschwendet als an sie selbst. Zudem erleben viele die Höhenflüge ihrer Partner als persönliche Niederlagen. Steigt z. B. ein Mann seine berufliche Leiter empor, beneidet ihn die Frau und wünscht ihm insgeheim einen Dämpfer. Ist die Frau Expertin auf einem Interessensgebiet, ärgert sich der Mann und belächelt ihre Kompetenz verächtlich. Ist der Bruder glücklich verheiratet, fühlt sich die allein stehende Schwester als Mauerblümchen und diskriminiert die Schwägerin. Ist die Schwester zu Wohlstand gelangt, schimpft der Bruder über ihr Luxusleben und straft sie mit Kontaktentzug. Es muss nicht so übel gehandhabt werden, doch sind derlei Neigungen äußerst verbreitet. Das »Und-wo-bleibe-ich?-Geschrei« wogt in grellen Dissonanzen hoch in der Bevölkerung. Hat man es im Ohr, kann man ermessen, welch großzügiges Geschenk es ist, *seinen Liebsten und Nächsten zu gönnen, was ihre Seelen streichelt.* Jemandem eine Freude gönnen, jemandem seine Freiheit gönnen, jemandem einen Erfolg gönnen, jemandem seine Eigenart gönnen ... *das* gehört in buntes Papier eingepackt und feierlich überreicht – bei jeder sich bietenden Gelegenheit! *Das ist* »Kitt vom Feinsten«, der Beziehungen konsolidiert.

Dazu eine Weisheitsgeschichte von *Barbara Hug*[5]:

DAS VERSCHENKTE LICHT

Es war eine Frau, die hatte gehört, dass an einem fremden Ort eine heilige Flamme brenne. Sie machte sich auf, um etwas von diesem Licht zu sich nach Hause zu holen. Sie dachte: »Wenn du dieses Licht hast, dann hast du Glück und Zukunft, und alle, die du liebst, werden es auch haben!«

Sie begab sich auf den weiten Weg, fand die heilige Flamme, entzündete ihr Licht daran und hatte auf dem Heimweg nur eine Sorge: dass ihr Licht erlöschen könnte.

Unterwegs traf sie einen Mann, der fror und kein Feuer hatte. Er bat sie, ihm von ihrem Feuer zu geben. Die Frau mit dem Licht zögerte. War ihre Flamme nicht zu kostbar, zu heilig für solch eine gewöhnliche Sache? Dann aber gab sie dem im Dunkeln Frierenden von ihrem Licht.

Die Frau setzte ihren Heimweg fort. Als sie beinahe zu Hause war, brach ein Unwetter über sie herein. Sie versuchte, ihr Licht vor Sturm und Regen zu schützen, aber es erlosch.

Den weiten Weg zurück zum Ort der heiligen Flamme würde sie nie mehr schaffen – aber bis zu dem Menschen, dem sie geholfen hatte, reichte ihre Kraft, und an dessen Licht konnte sie das ihre wieder entzünden.

Es lohnt sich, der Aussage dieser Weisheitsgeschichte, die fürs Erste recht simpel dünkt, ein wenig nachzuspüren. Die *Frankl*sche Paradoxie, wonach das eigene Glück unangestrebter Nebeneffekt sinnvoller Taten ist, steckt verschlüsselt in ihr. Schließlich hat die beschriebene Frau ihr Licht mit dem Fremden geteilt, ohne zu erwarten oder gar zu spekulieren, dass sie selbst einmal davon profitieren würde. Die echte Hilfsbereitschaft, die ein Du meint und also ein Ich stärkt, finden wir in der Geschichte. Aber da ist noch ein Faktor, der unsere Aufmerksamkeit verdient. Das »happy end« wäre fast gekippt. Die Frau hat gezögert, ihre Flamme weiterzureichen. Warum hat sie gezögert? Ihre eigene Flamme verkleinerte sich doch nicht, wenn der frierende Mann sein Holz damit ansteckte. Nein, ihre Bedenken waren anderer Art. Er und sein Wohlbefinden wurden von ihr spontan als »gewöhnliche Sache« eingestuft. Ihr Problem war es, das heilige Licht einer »gewöhnlichen Sache« zu gönnen.

Es ist eine Unart, sich mit anderen zu vergleichen. »Ich bin die weite Strecke gelaufen, um das Licht zu holen, warum soll es dem Fremden dann mühelos in den Schoß fallen?«, könnte die Frau innerlich gemurrt haben. »Dies hier ist ein spezielles Licht, das ich entsprechend verehre. Er hingegen benützt es nur, um seine Hände daran zu wärmen und seine Suppe darüber zu kochen«, könnte sie ebenfalls überlegt haben. Die Argumente, die ein »happy end« von Begegnungen verhindern, liegen ziemlich genau auf dieser Linie. »Wieso soll das Du ein Licht bekommen ... ein Licht, das dem Ich zusteht?«, lauten sie, und sogleich entschwinden die ichsonnigen Nebeneffekte des Guten, weil das Gute selber erlischt.

Auch die Weisheitsgeschichte ist nicht frei vom Phänomen des Erlöschens. Unwetter, Sturm und Regen kreuzen den Weg der Frau. Aber weil ihr Gönnen über ihre Missgunst gesiegt hat, weil im Augenblick ihres Zögerns die Barmherzigkeit eine Nuance schwerer gewogen hat als die Vergleichsaufrechnung, schenkt sich das Licht an sie zurück.

FALLBEISPIEL:

Das erinnert mich an eine Mutter, die einst in meiner Sprechstunde saß. Sie und ihr erwachsener Adoptivsohn waren seit Jahren miteinander verfeindet. Drei Anläufe der Mutter, das eisige Schweigen zwischen ihnen zu durchbrechen, hatte der Sohn kühl abblitzen lassen. Da erfuhr die Mutter zufällig von einer alten Bekannten, dass ihr Sohn im Allgemeinen einen stabilen, lebenstüchtigen Eindruck machte und wohl auch sehr beschwingt sein konnte.

»Das hilft mir ungemein«, sagte die Mutter zu mir. Seit ich weiß, dass meinem Sohn nichts abgeht, tauche ich aus meiner Traurigkeit wieder auf. Was zählt es, ob wir uns treffen oder nicht? Hauptsache, es geht ihm gut.«

Ich staunte. Diese Mutter gönnte ihrem Sohn ein Glücklichsein, das sie selber vermisste. Da brauchte sie keinen Psychotherapeuten mehr und schon gar keine Antidepressiva. Ihre Traurigkeit »lichtete« sich ganz von allein.

(Ob der beschwingte Status des Adoptivsohnes von Permanenz war, wage ich zwar zu bezweifeln, doch steht dies auf einem anderen Blatt ...)

> Anderen ihre Freuden vorbehaltlos zu gönnen, zeugt von edlem Gemüt.

Die »Kleinodien« Zeit und Respekt

Wir waren bei den zwischenmenschlichen Gaben bzw. beim Thema des Schenkens, von dem *Antoine de Saint-Exupéry* einmal gemeint hat, es »schlage eine Brücke über den Abgrund der Einsamkeit«. Er hatte – mit Einschränkungen – Recht. Gewiss drückt sich im Akt des Schenkens Zuwendung aus. Selbst wenn Geschenke manchmal unerwünscht sein mögen, beweisen sie, dass an den Beschenkten gedacht worden ist. Ob rein formal oder mit innerer Beteiligung, ist aus den Geschenken nicht direkt ablesbar. In einer Wohlstandskultur, in der das Gros der Bevölkerung um ein Vielfaches mehr besitzt als benötigt, kurbelt das Schenken hauptsächlich den Kommerz an. Materielle Geschenke fallen da unter die Kategorie des »Überflüssigen«, aber sie sollen eben die Botschaft übermitteln, dass man den Beschenkten nicht vergessen hat.

Gerade in solchen Kulturen sind jedoch immaterielle Geschenke keineswegs »überflüssig«, sondern von überragendem Wert. Von Seltenheitswert, muss man leider sagen, denn Scharen von Menschen in unserer Gesellschaft darben daran, dass sie sie vermissen. Nachfolgend seien drei herausgegriffen, die an der Spitze jenes ungedeckten Bedarfs bei uns stehen und deshalb »Kleinodien höchsten Ranges« darstellen: *Zeit, Respekt* und *Dank*. Als einander gewährte Geschenke bilden sie außerdem ein unschlagbares Dreiergespann zum Erhalt von Familien, ja, ich möchte kühn behaupten, dass es kein »broken home« geben kann, wo diese drei regelmäßig zu Hause sind.

a) Zum Geschenk »Zeit«:

Es wäre interessant, statistisch zu erforschen, was die meisten Leute auf die Standardfrage: »Wie geht es Ihnen?«, antworten. Meinen bescheidenen Erfahrungen nach signalisieren sie, dass es ihnen gut geht (sei es wahr oder nicht), und dass sie schrecklich viel zu tun haben. Darin spiegeln sich Grundzüge unserer heutigen Zivilisation. In ihr sind Leid, Schmerz oder Misserfolg »peinliche Pannen«, die man besser nicht zugibt. Hektisches Beschäftigtsein ist hingegen fast ein Statussymbol: Man ist fleißig, arbeitsam, die Karriereleiter emporkletternd und geldverdienend vital. Tüchtigkeit und Fitness stehen hoch im Kurs gesellschaftlichen Ansehens, aber dafür muss man natürlich einiges investieren, vor allem – Zeit.

Wo sollte man zusätzliche Zeit abzweigen? Im beruflichen Konkurrenzkampf ist es fast unmöglich, sonst rutscht man einige Sprossen der Karriereleiter wieder hinunter. Also im privaten Bereich. Doch auch dort sind die Ansprüche hinaufgeschnellt. Die Freizeitangebote boomen, die moderne Elektronik lockt in die Schein- und Medienwelt, die Superautos wollen nicht in den Garagen verstauben, und die immer länger offenen Märkte laden sirenengleich zum Kaufspaziergang ein. Zusätzliche Zeit? Wofür? Fürs Zuhören, wenn ein anderer spricht? Fürs Dasein, wenn ein anderer trauert? Fürs Verstehen, wenn ein anderer schwach geworden ist? Fürs Begleiten, wenn ein anderer Orientierung sucht? Fürs Spielen, wenn ein anderer übermütig aufgelegt ist? Zeit für Gemeinsamkeiten? Zeit für dich, Zeit für euch?

Hand aufs Herz, dafür gibt es kaum Ressourcen. Unsere Zivilisation hat zwar Lösungen parat. Professionelle Helfer müssen her! Bezahlte Kräfte stellen ihre Zeit stundenweise zur Verfügung, Ehrenamtliche engagieren sich sozial. Das ist prima, und dennoch passt nicht jede Lösung zum Problem. Im dargelegten Fall kann die professionelle Lösung nicht ersetzen, was innerhalb der Familien auf der Strecke bleibt. Man entfremdet sich voneinander; nicht bloß von fernen Nachbarn, sondern von den Nächsten, den Liebsten, den Verwandten. Das bequeme Leben wird mit ungeheurer Verfremdung bezahlt.

Angesichts dieser Entwicklung bedeutet ein »Zeitgeschenk« etwas Wunderbares. Ein Wandersonntag nur für die Kinder, ein gemächlicher Nachmittag bei Kaffee und Kuchen für die Tante zum Geburtstag, eine abendliche Kuschelstunde für den Partner, ein Innehalten in Zuneigung für den, der gerade anklopft, anruft, um Hilfe ruft ... Ein Stück Zeit verschenken, heißt ein Stück *von sich selbst* verschenken, vom eigenen begrenzten Leben. Es heißt: »Ich liebe dich. So sehr liebe ich dich, dass ich kurz bei dir verweile, obwohl mein Weg anderswo entlangführt«. Mehr als solch ein flüchtiges Verweilen an den Kreuzungsstellen unserer Begegnungen haben wir wahrhaftig nicht zu geben. Dazu ein Bonmot aus Kindermund:

HUMOR:

»Wie alt ist denn dein Opa?«, wird Renate von ihrer Freundin gefragt. »Keine Ahnung«, sagt diese. »Aber so, wie ich das bisher mitbekommen habe, dürfte er schon ziemlich lange bei uns sein!«

Na, wer *ist* bei wem? Für Renate eine Generationsfrage, aber mit Blick auf die zwischenmenschlichen Beziehungen und deren Qualität eine existenzielle Frage. Deshalb mein Tipp: Verschenken wir gelegentlich unser Bei-Sein, unser Bei-dir-Sein, und ein Du wird erblühen! »Das Beste, was der

Mensch für einen anderen tun kann, ist doch immer das, was er für ihn ist«, hat *Adalbert Stifter* formuliert. Er wusste, dass in der verschenkten Zeit unser Sein irgendwie mit enthalten ist.

b) Zum Geschenk »Respekt«:

Schließen wir mit einem weiteren Dichterwort an, diesmal von *Eugen Roth*: »Ein Mensch fühlt oft sich wie verwandelt, sobald man menschlich ihn behandelt!« Merkwürdigerweise geschehen die schlimmsten Unmenschlichkeiten in den Familien. Freilich auch in den großen Völkerfamilien dieser Erde, was entsetzlich genug ist. Konzentrieren wir uns jedoch auf die einzelnen Familien und prüfen wir, wie es zu derlei »Entartungen« kommen kann.

Die Mitglieder einer Familie haben unterschiedliche Kräfte, aufzubegehren, sich durchzusetzen, sich zu wehren und zu verteidigen. Stets sind Mitglieder vorhanden, die darin schlau und geübt sind. Energie und Macht verdichten sich in ihren Händen. Stets stehen ihnen Mitglieder gegenüber, die alsbald gewohnt sind, den Kürzeren zu ziehen und sich mehr oder weniger resigniert ihrem Schicksal unterwerfen. Eine so genannte »Hackordnung«, wie wir sie vom Tierreich, z. B. vom Hühnerhof her, kennen, bahnt sich an. Die einzelnen Familienmitglieder lernen (bewusst/unbewusst), wen sie ungestraft »hacken« dürfen und von wem sie ungebremst »gehackt« werden. In Extremfällen polarisiert sich ein Beziehungsgeflecht in diejenigen, die alle »hacken« dürfen, und in diejenigen, die von allen »gehackt« werden.

Allein, wir Menschen sind keine Tiere! Der göttliche Funke, der in uns glimmt, erlaubt es uns, »Hackordnungen« abzuschaffen, bevor sie sich eisern etablieren. Es liegt in der Verantwortung beider »Pole«, der nackten Macht die Stirn zu bieten, wobei das optimale Schutzschild gegen sie der *gegenseitige Respekt* ist.

FALLBEISPIEL:

Bei einer Paarberatung habe ich erlebt, dass die Ehefrau, die ihren Mann häufig auf hässliche Weise demütigte, rechtfertigend erklärte: »Er lässt sich doch alles gefallen! Wenn er mir einmal Grenzen setzen würde, wenn er mir drohen würde, mich zu verlassen, dann hätte ich mehr Respekt vor ihm, aber ich kann mit ihm anstellen, was ich will, er bleibt immer freundlich und treu.« Ich erwiderte: »Wenn er immer freundlich und treu ist, dann sind *Sie* es, die sich ändern muss, nicht *er*. Sie sagen, Sie können mit ihm anstellen, was Sie *wollen*, aber geht es nicht eher darum, dass Sie mit ihm (und mit den übrigen Menschen, mit denen Sie Kontakt haben) anstellen, was Sie *sollen*? Geht es nicht darum, dass Sie sich Ihre eigene *bestmögliche* Verhaltensweise selbst abverlangen im Zueinander und Miteinander der Ehe, anstatt von Ihrem Mann eine *nächstschlechtere* Verhaltensweise zu verlangen, wie etwa eine Drohung? Es stimmt, dass ein anderer Mann vielleicht längst ausgezogen wäre, aber dass Ihr Mann es nicht getan hat, zeugt nicht unbedingt von Schwäche, es kann auch von Souveränität zeugen. Ihr Verhalten jedoch zeugt auf keinen Fall von Stärke, eher von Grausamkeit ...«

»Er müsste mich zähmen, bändigen«, rief die Frau aus. »Oh nein«, konterte ich, »die Last des Zähmens und des Bändigens liegt bei *Ihnen. Sie* sind Ihr eigener Dompteur. Doch Sie können, indem Sie an sich arbeiten, zu einer liebens*würdigen* Frau heranwachsen, zu einer Frau, die eines Mannes *würdig* ist, der aller Quälerei zum Trotz seine Freundlichkeit und Treue zu Ihnen aufrecht erhält.«

Meine Argumente gingen der Frau nahe, denn zutiefst in ihrer Seele wusste sie, dass sich die ihrem Manne zugefügten Demütigungen nicht mit der Primitivformel: »Er ist selber daran schuld« beiseite schieben ließen. Weder eine persönliche Schuld noch das persönliche Verdienst eines Menschen kann einem Bezugssystem zugeordnet werden, dem dieser Mensch angehört. Beides ist und bleibt »Urpersönliches«.

Manche Vertreter der systemischen Familientherapie sind davon nicht überzeugt. Sie möchten die Täter gerne als Auch-Opfer (bzw. die Opfer als »Symptomträger« eines kranken Systems) identifizieren. Dies ist ein nobles Ansinnen, aber meines Erachtens der menschlich-geistigen Wesenheit nicht adäquat. Wenn sich ein Kind aus einer Schulklasse nicht wehrt, wäre es demnach selber schuld, wenn es von seinen Kameraden und Kameradinnen geärgert wird. Wenn es noch dazu vor Angst jämmerlich sein Gesicht verzieht, was die Mitschüler zum Lachen reizt, würde es sein Verlachtwerden direkt herausfordern. Ist das so einfach? Ist die ganze Klasse neurotisch und das hilflose Kind Symptomträger einer neurotischen Klasse? Ist es wirklich so, dass eine Frau, die nachts durch einen Park spaziert, sich nicht zu wundern braucht, wenn sie überfallen wird? Ist es so, dass Eltern, die ihren Kindern jeden Wunsch von den Augen ablesen, sich nicht zu wundern brauchen, wenn sie von ihrem Nachwuchs radikal ausgebeutet werden? Gilt nicht vielmehr der Grundsatz, dass man in jeder Situation geradezustehen hat für das, was von einem selbst ausgeht: für das Verlachen, für das Überfallen, für das Ausbeuten etc., *ob es einem schwer oder leicht gemacht wird*? Was leicht ist, ist noch lange nicht erlaubt, sonst könnte man jedem Baby im Kinderwagen den Hals umdrehen, weil es dies einem schließlich nicht allzu schwer macht.

Letztlich zählt im Leben überhaupt nicht, was leicht oder schwer ist, sondern was sinnvoll und ethisch vertretbar ist. Da Menschen einen bedingungslosen Wert haben, verdienen sie unseren bedingungslosen Respekt. Das bedeutet für potenzielle Täter, die Schwachen, Hilf- und Wehrlosen achtsam und mit viel Geduld, Rück- und Nachsicht zu behandeln, aber es bedeutet auch für potenzielle Opfer, sich aus Achtung vor der eigenen und fremden Personenwürde zur mutig-sachlichen Auseinandersetzung mit den Starken und Rücksichtslosen aufzuschwingen. Es gibt keine »Streit«macht der Welt, die nicht vor dem gegenseitigen Respekt kapitulieren würde. Deshalb mein Tipp: Nehmen wir von Zeit zu Zeit einen neuen Anlauf und schenken wir unseren Nächsten und Angehörigen fühlbar und spürbar unseren Respekt. Denen, die üblicherweise »gehackt« werden, und sie werden an Boden gewinnen. Denen, die üblicherweise »hacken«, und sie werden – hoffentlich – zur Ruhe finden. Schenken wir darüber hinaus uns selbst den uns gebührenden Respekt, dann werden wir niemals »von einem kranken System« aufgerieben werden.

> Sobald einem Menschen
> Zeit und Respekt gewährt werden,
> blüht er auf.

Verletzte Menschen danken nicht?

Zum Dreigespann beziehungsflechtender Geschenke gehört neben Zeit und Respekt der Dank. Er ist wie eine Salbe, die rissige, spröde Haut weich und geschmeidig macht. Der Dank heilt zwischenmenschliche Risse. Vielleicht nicht die ganz großen Spaltungen, die nur über den akrobatischen Akt der Entschuldigung und Verzeihung zu schließen sind, aber zumindest die vielen kleinen Abschürfungen, die wir uns im täglichen Miteinander zuziehen. Und er glättet die alten Narben der Seele, die noch uneben und rau sind, stets in Gefahr, wieder aufzuplatzen.

Überlegen wir, wieso der Dank das alles kann. Nun, ihm ist ein *Werte-Innewerden* vorgeschoben, denn es ist schier unmöglich, sich für nichts und im Zusammenhang von nichts zu bedanken. Sagt ein Vater zu seiner Tochter: »Ich danke dir, mein Kind«, so existiert zwischen den beiden ein (unausgesprochenes?) Wissen, wofür sich der Vater bedankt. Ohne solchen Verständigungsbackground würde die Tochter sofort rückfragen: »Aber wofür denn?« Dankbarkeit impliziert das hellwache, klar präsente Wissen um einen oder mehrere Werte, die unser Leben und seine Qualität angereichert haben und nicht von uns selbst erzeugt worden sind. Deshalb steht der Ausspruch: »Ich danke dir, mein Kind« für das Endergebnis eines längeren inneren Prozesses bei jenem Vater, währenddessen ihm bewusst geworden ist, dass seine Tochter ihm einen gewissen Liebesdienst erwiesen hat, den sie nicht hätte erweisen müssen und durch den er Positives gewonnen hat. Im Akt der Dankbarkeit gewinnt er *zusätzlich* Positives, nämlich die Intensivierung des Bewusstseins, dass er durch seine Tochter Positives gewonnen hat.

Wir sehen, der Dank »cremt« die eigene Seele ein – man weiß, man ist beschenkt worden! – und gleichzeitig die fremde Seele, die sich am Feedback labt. Der eine fühlt sich bereichert, der andere bestätigt; die Reibungsfläche zwischen beiden ist vorzüglich »geschmiert«.

Dass der Dank grundsätzlich Narben »sichert« und individuelle Defizite in ein sonnigeres Licht taucht, ist im »Psalm einer Pusteblume«[6] zauberhaft symbolisiert, weshalb dieser Psalm hier (mit Kürzungen) abgedruckt sein soll:

PSALM EINER PUSTEBLUME:

Den Duft der Rosen verbreite ich nicht,
köstliche Früchte reifen nicht an mir
die Größe der Königskerze ist nicht mein Maß,
die Farbenpracht der Lilie nicht meine Zier.

Nie wurd' ich zum Brautstrauß geflochten,
nie in einem Blumenladen begehrt.
Keinen Dichter bracht' ich zum Reimen,
keinem Sänger entlockt' ich ein Lied.

An Veredelung hat noch niemand gedacht,
besonderer Schutz gilt mir nicht.
Lästiges Unkraut werd' ich genannt,
von Gärtnern emsig vernichtet.

Dennoch schäme und verkrieche ich mich nicht,
dennoch lasse ich mich nicht entmutigen,
mir meine Lebensfreude nicht schmälern,
den Lebensraum durch keinen Gartenzaun begrenzen.

Vielmehr wachse und blühe ich überall,
zahlreich und unübersehbar nach meiner Art,
nein Herr, nach deiner Art, denn du, mein Gott,
hast mich so und nicht anders gewollt ...

Ich wachse auf Wiesen und an Straßenrändern,
auf Müllplätzen und in Gärten ...

Ich danke dir, Herr, dass ich überall Heimat finde.

Am Nektar meiner Blütenkörbe laben sich Bienen
und Schmetterlinge, Hummeln und Käfer ...

Ich danke dir, Herr, dass ich anderen Nahrung sein kann.

Apotheker und Ärzte entdeckten heilende Kräfte in mir:
Tee aus meinen Wurzeln vertreibt den Husten ...

Ich danke dir, Herr, dass ich heilen kann.

Ausreißen lasse ich mich nicht leicht,
denn meine Wurzeln sind stark und tief ...

Ich danke dir, Herr, für den Grund der Erde.

In Blumensträußen bin ich selten zu finden.
Zum Welken in der Vase bin ich nicht geboren ...

Ich danke dir, Herr, für das Leben in der Natur.

Wer blüht, verblüht, muss welken. Ich sträube
mich nicht dagegen, nehme das Welken an ...

Ich danke dir, Herr, für das Alt- und Neuwerden.

Meine goldgelbe Blüte verliert ihren Schein,
ich verschließe mich und warte still ...

Ich danke dir, Herr, dass ich warten kann.

Als Pusteblume strecke ich mich dem Wind entgegen,
er trägt meine winzigen Samenkörner davon ...

Ich danke dir, Herr, für meinen Freund, den Wind.

Jedes Samenkorn soll eine neue Pusteblume werden,
ich halte keines fest, springe keinem nach ...

h danke dir, Herr, dass ich loslassen kann.

Wer mich findet, darf mich pflücken, pusten und lachen,
denn du, Herr, hast mich zum Nutzen der Tiere
und zur Freude der Kinder erschaffen.

Das weithin verachtete Löwenzahngewächs, welches jeder Gärtner am liebsten »mit Putz und Stingel« ausrotten würde, bedankt sich bei seinem Schöpfer für seine Robustheit und sonstig verborgenen Schätze – ein faszinierender Gedanke! Könnten doch wir Menschen mit unseren persönlichen »Verächtlichkeiten« ähnlich verfahren ...

Bei einem Fernsehinterview wurde mir einmal die folgende Frage vorgelegt: »Frau Lukas, was meinen Sie dazu, wenn eine 30-jährige Frau den Satz äußert: ›*Meine Mutter hat mich abtreiben wollen, und es wäre besser gewesen, es wäre ihr gelungen.*‹?« »Ist noch mehr aus dem Leben dieser Frau bekannt?«, erkundigte ich mich. »Nein«, antwortete der Interviewer. »Der eine Satz soll genügen. Wir warten gespannt auf Ihren Kommentar.«

Ich ahnte damals, worin die »Spannung« des Interviewers bestand. Die eigentliche Frage lautete, ob das sinnzentrierte Gedankengut *Viktor E. Frankls*, das ich in meiner Arbeit vertrete, vor einer immensen Verletztheit wie der angedeuteten nicht doch kapitulieren müsse? Also raffte ich mich zu einer existenzanalytischen Betrachtung des dargestellten Schlüsselsatzes auf und wies auf nachstehende Punkte hin:

1) In früheren Zeiten kamen die meisten Kinder ungeplant zur Welt. In der überwiegenden Mehrzahl der Fälle wurden sie (und werden sie auch heute) nach ihrer Geburt emotional angenommen. Es gibt Untersuchungen, wonach sogar Großeltern, die zunächst höchst skeptisch oder gar entsetzt über den Nachwuchs sind, später ihre Enkel närrisch zu lieben pflegen.

2) Es ist legitim, wenn Männer oder Frauen erschrocken reagieren, sobald sie erfahren, dass ein ungeplantes Kind unterwegs ist. Kinder erfordern Opfer, kosten Geld, binden ihre Mütter ans Haus usw. Das Erwägen einer Abtreibung kann solchen Bedenken entspringen, so betrüblich es ist. Damit darf keineswegs ausgeschlossen werden, dass dieselben Väter und Mütter noch in die Liebe zu ihren Kindern hineinwachsen können.

3) Geschieht dies nicht, ist es bedauerlich. Aber: Wer teilt seiner Tochter im Nachhinein mit, dass einst ihre Abtreibung überlegt worden ist? *Das* wäre ausgesprochen zynisch und auch in Wut nicht zu rechtfertigen. Hier besteht Klärungsbedarf; woher die 30-jährige Frau, um die es im Interview ging, ihre Information bezogen hat. Vielleicht gar nicht von ihrer Mutter selbst? Vielleicht hat sie deren Abtreibungswunsch bloß »erspekuliert«?

4) Angenommen, ihre Behauptung sei wahr; die Mutter habe sie ursprünglich nicht gewollt. Angenommen, ihre Mutter sei auch nie in die Liebe zu ihr hineingewachsen (worüber der problematische Schlüsselsatz nichts aussagt). Dann ist trotzdem festzuhalten, dass ihre Mutter sie auf die Welt gebracht und (vermutlich) aufgezogen hat. Ferner ist festzuhalten, dass Leben »in sich« kostbar ist, weil es Gelegenheit zu allem bietet, was man daraus gestalten möchte.

Geht ein Schiff unter, will jeder an Bord sein nacktes Leben retten und fragt nicht lang, wer sich über seine Lebensrettung freuen würde. Leben hat überall in der Natur seinen Eigen-Wert, unabhängig von fremder Affirmation.

5) Die Mutter ist sicher nicht die einzige Bezugsperson im Leben unserer 30-jährigen Frau gewesen. Welche Rolle mögen der Vater und sämtliche Verwandten gespielt haben? Auch nur eine ablehnende? Was ist mit den Lehrern, Mitschülern, Freunden und Kollegen der Frau gewesen? Irgendwer wird ihr zur Abwechslung doch wohlgesonnen gewesen sein – irgendwer hat sie bestimmt gut leiden mögen. Ist das unwichtig?

6) Kommen wir jetzt zur Selbstablehnung der Frau. Die Parallelen zwischen Tochter und Mutter sind frappant. Die Mutter wollte ihr Kind angeblich nicht haben und hat es dennoch ausgetragen. Die Tochter behauptet, sie wäre besser nie geboren worden, und bringt sich dennoch nicht um. Dieselbe Lebensverneinung, dieselbe Ambivalenz.

Hier wäre zu fragen, ob die Tochter das Verhalten ihrer Mutter wirklich für nachahmenswert befindet? Strickt sie Strümpfe, wenn ihre Mutter gerne strickt? Reist sie nach Mallorca, wenn ihre Mutter dort Urlaub macht? Mit 30 Jahren ist die Tochter ein eigenständiger Mensch und muss niemanden mehr kopieren.

7) Ein letzter fraglicher Punkt: Wie sieht die Gegenwart unserer 30-jährigen Frau aus? Ist bei ihr soeben einiges schief gelaufen? Hatte sie Krach mit ihrem Lebensgefährten oder Pech am Arbeitsplatz? Eine aktuelle Misere kann durchaus die Überreaktion »Besser wäre ich nie geboren worden!« aus einem Menschen hervorlocken. Es ist ein experimentalpsychologisch gut untermauertes Phänomen, dass man Schattierungen der Gegenwart in Vergangenheitsbeschreibungen hineinprojiziert. Vielleicht lädt die Frau mit ihrem Problemsatz einen Ärger an ihrer Mutter ab, der mit völlig anderem zu tun hat? Vielleicht wäre sie sich und ihrer Herkunft gegenüber erheblich versöhnlicher gestimmt, ginge es ihr heute rundum gut?

»An dem Satz hängen zu viele unbekannte Faktoren, als dass ich passende Hilfslinien aufzeigen könnte«, sagte ich zu dem Interviewer. »Aber eines wäre der jungen Frau auf jeden Fall bekömmlich: eine Mindestportion an Dankbarkeit. Dankbarkeit fürs reine Dasein, für alle mitmenschlichen Schutzengel, von denen sie bisher ›durch Nacht und Grauen‹ geleitet worden ist und für die in ihr schlummernde ungebrochene Fähigkeit, sich selbst in eine Form nach ureigenem Geschmack umzugießen.« »Dankbarkeit?«, staunte der Interviewer. Es war die von ihm am wenigsten erwartete Antwort auf seine Frage nach grundverletztem Leben. Nach Hause zurückgekehrt, schickte ich ihm den »Psalm der Pusteblume« zu, und er verstand.

> Die Dankbarkeit schützt
> alte Narben der Seele
> vor dem Aufplatzen.

Verlorener Sohn – verlorener Vater?

Ziehen wir eine kurze Zwischenbilanz. Wir haben mit zwei Kardinalfehlern begonnen: der Überforderung unserer Liebsten und Nächsten mit einerseits Dauerklagen und andererseits aufgedrängten Pseudohilfen. Wir haben uns dann zwei Kardinaltugenden zugewandt: dem Freude-Gönnen und dem Zeit- und Respekt-Verschenken. Schließlich haben wir die Heilkraft der Dankbarkeit ins Visier genommen, die nicht nur Einzelindividuen, sondern ganzen Gemeinschaften therapeutisch wärmstens zu empfehlen ist. Freilich muss jegliches *Erhalten von Dank* im anspruchs- und absichtslosen Raum der »Nebeneffekte des Guten« belassen werden, wovon bereits die Rede war. Aber das *Austeilen von Dank* verbindet sich mit dem Gewähren von Zeit und Respekt zu den herrlichsten Geschenken, die Menschen einander zu geben vermögen. Dass gerade diese herrlichen Geschenke nicht käuflich, weder mit Geld noch Gold aufzuwiegen sind, ist ein interessanter Gesichtspunkt. Trotzdem handelt es sich bei ihnen um teure Geschenke in dem Sinn, dass sie eine Menge Selbstüberwindung verlangen. Auch das Danksagen ist nicht einfach. Man muss sich bei Gelegenheit daran erinnern, vor allem der Werte erinnern, für die es einem Du zu danken gilt. Exakt darin gründet ja des Dankes Heil: im inneren Erschauen des Wertvollen – in der Schöpfung, in ihren Geschöpfen und speziell eben in jenen Personen, mit denen wir aufs Engste zu tun haben.

Es mag frivol klingen, doch in Familien, in denen dies alles realisiert wird, kann fast nichts mehr schief gehen. Die Kombination »sich nicht unnötig einmischen« und dennoch »füreinander Zeit haben« garantiert das perfekte Verhältnis von Nähe und Distanz im Zusammenleben. Die Kombination »auf zu viel Jammern über Negatives verzichten« und »sich öfters für Positives bedanken« schafft die leicht optimistisch getönte Basisatmosphäre, in der Jung und Alt gedeihen. Und die verbürgte gegenseitige Achtung wacht darüber, dass es selbst im missverständlichsten Fall zu keinen grausamen Entgleisungen kommt.

Beschäftigen wir uns jetzt mit einzelnen umfassenden Problemkomplexen und knüpfen wir zu diesem Zweck an die Thematik des *Konflikts zwischen erwachsenen Kindern und ihren Eltern* aus dem Vorkapitel an. Zur Frage, wie sich die Eltern verhalten sollen, gibt es unzählige pädagogische Schriften, die sich samt und sonders um ein vertrauensvolles Loslassen der herangereiften Kinder drehen. Das Zurücknehmen von Dominanz, Neugierde, Ratschlägen, Kritiken, Besuchen, Anrufen und schlichtweg von sich selbst steht an der Spitze aller Empfehlungen. (Das Zurücknehmen von finanzieller Unterstützung wird etwas leiser verkündet.) Die Frage hingegen, wie sich die jungen Erwachsenen ihren Eltern gegenüber verhalten sollen, findet wenig fachliche Resonanz. Entsprechende Literatur ist minimal vorhanden. Wahrscheinlich spiegelt sich darin der Gedanke, dass die Abnabelung vom Elternhaus fürs eigenverantwortete Leben freisetzt und die alten Bindungen somit ausgedient haben. Je unkomplizierter sie sich lockern, desto normaler.

Dieser Gedanke ist richtig, bloß nicht vollständig. Niemand schlägt gleichmütig die Türe hinter sich zu und geht seiner Wege. Immer trägt man ein Stück Beziehung mit sich im Gepäck hinaus in die Selbstständigkeit. Immer lässt man eine Spur von sich daheim zurück. Manche Menschen leiden ein Leben lang an solchen Stücken und Spuren; sie werden nie mehr froh.

Was da Not tut, ist ein *großzügig-versöhnlicher Abschied*. Für die Jungen bedeutet es einen mehrfachen Abschied, weil sie sich nicht nur vom »Nest«, sondern auch von ihrer eigenen Jugendzeit und deren Refugien verabschieden müssen. Es wird sozusagen ernst mit dem Abenteuer des Lebens. Dafür tragen sie auch alle Ressourcen in sich, die sich nach einem großzügig-versöhnlichen Abschied explosionsartig aktivieren. Für die zurückbleibenden Eltern bedeutet es einen ähnlich existenziellen Abschied, weil sie an die Launen des Zufalls ausliefern müssen, was sie jahrelang davor zu schützen versucht haben. Ihre zu leistende Umorientierung ist kein geringeres Abenteuer, doch der großzügig-versöhnliche Abschied erleichtert es ihnen, es zu wagen.

Ist allerdings der Abschied mit alten unverziehenen Kränkungen durchtränkt, wird der Start ins Abenteuer auf beiden Seiten verpatzt. Die erwachsenen Kindern belegen Areale ihrer Ressourcen mit Rückwärtshass, (auto)aggressiven Protesten und sinnlosen Schattengefechten mit ihren Erzeugern. Sie fahren ihr Lebensschiffchen mit »Halbdampf«; ihre Flagge weht auf »Halbmast«. Die Eltern sind ebenfalls in ihrer Umorientierung behindert. Sie plagen sich mit der Frage ab, was in der Erziehung schief gelaufen ist und fixieren sich dadurch auf jene, die sie freigeben sollen. Die beiden Generationen kommen von einander nicht los, und je weniger sie sich mögen, umso mehr verketten sie sich ineinander.

Was hilft in dieser verfahrenen Situation? Meiner Erfahrung nach hilft den erwachsenen Kindern ausschließlich *der Verzicht, über ihre Eltern zu richten*. Die erwachsenen Kinder sind einfach zu nahe daran, zu sensibel involviert, in zu viele subjektive Geschichtsinterpretationen verquickt, um gerecht urteilen zu können. Sie wären höchst voreingenommene Richter ihrer Eltern. Auch kennen sie erstaunlicherweise manche Seiten ihrer Eltern überhaupt nicht. Ein Mann erzählte mir einst, dass sich sein Vater nach der Pensionierung einen Obstgarten mit vielen Äpfelbäumen gekauft habe und dort insbesondere die Apfelernte mit seinen Bekannten zu einem jährlichen Freudenfest umfunktioniere.

Der Mann gestand offen ein, dass er seinen Vater stets als Einzelgänger und »Schreibtischhengst« eingeschätzt habe, dem nichts ferner läge als schwere Gartenarbeit oder Geselligkeit ... Es ist kein Wunder, wenn sich Kinder in ihren Eltern täuschen. Sie sehen sie rund 20 Jahre lang aus dem einseitigen Blickwinkel des abhängigen Zöglings, bis sie endlich (und hoffentlich) die Perspektive des freiwilligen Familienfreundes erlangen.

Dass sich freilich auch Eltern in ihren (oder Nachbars-) Kindern täuschen können, ist in der folgenden Pointe eingefangen[7]:

AUS DEM DEUTSCHEN VOLKSGUT:

Ein Mann, dessen Axt abhanden gekommen war, hatte den Sohn seines Nachbarn in Verdacht. Der Junge ging wie ein Dieb, sah aus wie ein Dieb, sprach wie ein Dieb.

Doch dann, als der Mann im Tal den Boden umgrub, fand er seine Axt wieder; und das nächste Mal, als er den Nachbarssohn sah, ging der, sprach und sah aus wie jedes andere Kind.

Hier ist der typische Fallenmechanismus des Feindbildes beschrieben. Hat man einen Menschen einmal verurteilt, bestätigt alles, was er tut, das Vor-Urteil ... Einer solchen Reputationsschlinge um seinen Hals entschlüpft der Betreffende nicht mehr, es sei denn, die Sache klärt sich einwandfrei auf, was nicht einmal bei verschwundenen Äxten immer der Fall sein muss.

Zurück zum Generationenkonflikt. Zweifellos machen Eltern gravierende Fehler. Sie verfügen selten über pädagogische Erfahrung und stehen häufig unter wirtschaftlichem und sozialem Druck. Ihre eigenen Egoismen und Sehnsüchte kollidieren mit den Bedürfnissen des Nachwuchses. Gewiss, sie machen Fehler und sie büßen dafür. Manchmal mehr als genug. Habe ich ihre erzürnten (erwachsenen) Kinder bei mir zur Beratung, lege ich diesen einen Drei-Fragen-Katalog zur Beantwortung vor, der sie bewegen soll, das Feindbild von ihren Eltern nochmals zu überdenken. Die drei Fragen lauten:

1) »Haben Ihre Eltern auch Positives für Sie getan? Was?«

2) »Unter welchen Umständen haben Ihre Eltern die Erziehungsleistung an Ihnen vollbracht?«

3) »Wann und wo haben Sie selbst unter Beweis gestellt, dass Sie in vergleichbarer Lage anders und besser handeln als Ihre Eltern?«

Ich kann mich nicht erinnern, dass jemals einer meiner Patienten alle drei Fragen ausreichend und für sich zufrieden stellend hätte beantworten können. Viele stolpern schon bei der ersten Frage, raten bei der zweiten herum und haben zur dritten schier nichts anzubieten.

Eine vierte aufrüttelnde Frage wäre die nach einem beobachtbaren Wandlungsverlauf bei den Eltern. Genauso, wie Eltern schuldig werden, können sie auch aus ihrer Schuld lernen. Aber registrieren herangewachsene Kinder einen eventuellen Wandlungsschub bei ihren Eltern? Da sie mit ihrer eigenen Identitätsfindung und den »Probebeziehungen« mit ihren Freunden und Freundinnen intensiv beschäftigt sind, entgehen ihnen elterliche Fortschritte leicht. Außerdem sind Feindbilder zäh. War z. B. eine Mutter vor zehn Jahren eine strenge Frau und schaut sie ihrer Tochter bei einem gegenwärtigen Besuch bloß in die Augen, wird ihr Schauen als »Kontrollblick« gewertet, als »stummer Vorwurf«, und dergleichen mehr. »Die ändert sich nie«, denkt die Tochter verbittert. In Wahrheit sind es die Auffassungen der Tochter, die sich nicht geändert haben – nicht mitgeändert haben mit einer möglichen Wandlung der Mutter in Richtung Toleranz und Milde.

Das lehrreiche Gedicht von *Bertolt Brecht* »Alles wandelt sich[8]« ist sowohl der Eltern- als auch der Kindergeneration dringendst ans Herz zu legen:

ALLES WANDELT SICH

Alles wandelt sich. Neu beginnen
kannst du mit dem letzten Atemzug.
Aber was geschehen, ist geschehen. Und das Wasser
das du in den Wein gossest, kannst du
nicht mehr herausschütten.

Was geschehen, ist geschehen. Das Wasser
das du in den Wein gossest, kannst du
nicht mehr herausschütten, aber
alles wandelt sich. Neu beginnen
kannst du mit dem letzten Atemzug.

In diesem Zusammenhang plädiere ich dafür, dass das biblische Gleichnis vom »verlorenen Sohn« ebenso gut umgekehrt gelesen werden darf. Dass auch ein Freudenfest für den »verlorenen Vater« oder die »verlorene Mutter« gefeiert wird, wenn er oder sie aus der Entfremdung zurückkehrt, egal, was vorher geschehen ist. Der rachedürstigste Zorn holt das Wasser aus dem vergangenen Wein nicht zurück ... Aber neuen Wein in neue Gläser zu gießen und damit aufeinander anzustoßen, ist jederzeit möglich. Bei alten Eltern ist es riskant, damit bis zu ihrem letzten Atemzug zu warten. Dieser könnte schneller erfolgen als man denkt.

> Man verabschiede sich großzügig-versöhnlich von seinen Eltern!

Verzeihen braucht kein Vergessen

Was stützt nun Eltern, deren erwachsene Kinder sich auf unschöne Weise von ihnen verabschiedet haben und »hart« bleiben? Ich meine, auch ihrerseits ist ein Verzicht notwendig, nämlich *der Verzicht, das Verhalten ihrer Kinder ergründen zu wollen*. Eltern, die nicht darauf verzichten, verstricken sich in ein Netz von Spekulationen, die in steigendem Maße unrealistisch werden. Vor allem lösen sie sich nicht von ihren Kindern, ob sie ihnen begegnen oder nicht. Sie werden nicht frei für den nächsten, »postparentalen« Lebensabschnitt, was wiederum (wissentlich oder unwissentlich, aber jedenfalls ungerechtfertigt) ihren Kindern angelastet wird.

In jedem Menschen wohnt ein Geheimnis. Es manifestiert sich in seinen persönlichen Entscheidungen, die nie absolut logisch, einleuchtend und nachvollziehbar sind. Die junge Generation trägt zudem die Morgendämmerung einer aufkeimenden Zukunft in sich, die ihren Eltern verschlossen bleibt. Es grenzt daher an »vergebene Liebesmüh'«, die Handlungen der jungen Leute mit dem Kenntnisstand von gestern bis heute zu analysieren. Dass Eltern in Bezug auf ihre erwachsenen Kinder deprimiert sind oder sich massiv um sie sorgen, ist unter Umständen durchaus verständlich und dennoch verstandesmäßig nicht aufzuhellen. Es bedarf anderer »Werkzeuge« als des Intellekts, um die Missstimmung zu überwinden: *der Demut* vor dem Unbegreiflichen und *des Vertrauens* in ein divines Geleit.

Eine Mutter, deren geschiedene, magersüchtige und kratzbürstige Tochter alles Flehen der Mutter, die Tochter möge doch ausreichend essen und mehr auf sich achten – wenigstens dem Enkelkind (der 2-jährigen Tochter dieser Tochter) zuliebe –, verwarf und sich jeden weiteren Kontakt mit der

Mutter verbat, entdeckte in einem Kirchenkalender[9] ein Gedicht, das ihr enorm half. Sie brachte es mir, und so sei es hier für bedürftige Eltern in ähnlich gelagerten Familienkonstellationen abgedruckt:

AN DIE ENGEL MEINER ERWACHSENEN KINDER

Ich spreche mit den Engeln meiner erwachsenen Kinder.
Seid ihr immer noch bei ihnen und habt ihre Wünsche in euren Händen?
Wisst ihr etwas von ihrer schmerzerfüllten Einsamkeit?
Und wenn sie nun euch und das Leben überhaupt ablehnen,
wendet ihr euch dann ab und grollt ihnen?

Sie brauchen euch, mehr noch als damals, als sie klein waren,
sie brauchen euch ganz dringend.
Denn die Jugend ist die schwerste Zeit.
Alles muss eigenhändig geregelt werden,
man muss sich freikämpfen, alles selbst durchdenken,
und von den Engeln will man nichts wissen.

Oh, ihr Engel meiner erwachsenen Kinder!
Eine Mutter darf nicht länger eingreifen – aber ihr dürft.
Eine Mutter darf nicht länger Rat geben, aber eure Weisheit kommt von Gott.
Bleibt bei meinen erwachsenen Kindern, ihr Engel!
Helft ihnen im Gestrüpp zu wandern und den rechten Weg zu finden,
ihren Weg!

(Aus dem Schwedischen)

Wiederholen wir: Wenn die erwachsenen Kinder darauf verzichten, vehement über ihre Eltern zu richten, und die Eltern darauf verzichten, das Verhalten ihrer erwachsenen Kinder unbedingt ergründen zu wollen, haben beide freie Bahn, ihre gegenseitigen Verschlingungen friedlich auseinander zu dividieren und bei vorhandenen »Restknoten« Nachsicht walten zu lassen. Die Zeit wird lockern, was momentan noch unaufknüpfbar scheint.

Unter den Philosophen hat sich insbesondere *Sören Kierkegaard* mit der urmenschlichen Erfahrung des Scheiterns moralischer Selbstbestimmung befasst und die Bedeutung des Einander-Verzeihens daraus abgeleitet. Er gelangte zu dem Schluss, dass es am schwierigsten ist zu verzeihen, wenn der Gegenpart keine Reue zeigt oder gar in seinem kränkenden Verhalten fortfährt. Dann muss der Verzeihungsbereite wohl oder übel mit sich selbst klären, ob er sich in den Strudel von Lieblosigkeit und Lieblosigkeitserwiderung hineinziehen lässt oder ob er aus sich heraus widersteht, so gut er vermag. Das ist für ihn kein Ringen mit dem »Feind« mehr, sondern ein Ringen mit sich selbst, in dem »Siegen« heißt, das Trotzdem-Heile im »Feind« anzuerkennen, und »Verlieren« heißt, dem Auch-Unheilen in sich selbst nachzugeben. Der Nichtverzeihende passt seine Schuld der Schuld dessen an, dem er nicht verzeiht. Der Verzeihende erwirbt die Chance zur Unschuld (= Ent-schuld-igung) für beide.

FALLBEISPIEL:

Zwei Schwestern, Frau H. und Frau K., hatten sich in jungen Jahren wegen eines Erbstreits um ihr Elternhaus überworfen. Frau H. hatte das Haus samt Hypotheken in Besitz genommen und ihre Schwester eindeutig zu wenig dafür entschädigt. Frau K. hatte einen Gerichtsprozess gescheut und war wutentbrannt nach Kanada ausgewandert, wo ihr kein Glück beschieden war. Der Mann, dem sie sich zugeneigt fühlte, stellte sie vor die Alternative, mit ihm in die kalte Nordregion zu übersiedeln, wo er im Pelztiergeschäft tätig war, oder sich von ihm zu trennen. Sie ging nach Deutschland zurück, ohne ihre Schwester davon zu benachrichtigen.

20 Jahre verflossen. Eines Tages kam Frau K. bei einer Autofahrt zufällig in die Gegend, wo ihr Elternhaus gestanden hatte. Sie sah das Dorfschild vor sich, zögerte ein wenig und beschloss nachzusehen, ob das Haus noch da war. Sie fand es, leuchtend gelb gestrichen, und stellte fest, dass fremde Leute darin wohnten, die von ihrer Schwester nichts mehr wussten. Daraufhin strengte sie sich an, die Adresse ihrer Schwester ausfindig zu machen, was ihr in der Tat gelang. Frau H. wohnte in einem Mietblock in einer nahe gelegenen Großstadt. Frau K. schrieb ihr, Frau H. antwortete entzückt, und es dauerte keine Woche, bis sich die beiden Frauen in den Armen lagen. Frau K. erfuhr, dass auch Frau H. nicht mit großem Glück gesegnet gewesen war. Wegen eines invaliden Ehemannes, der keine Treppen hatte erklimmen können, hatte sie das Haus verkauft und war nach seinem Tode verarmt. Da saßen die beiden wiedervereinten Schwestern, ohne Elternhaus, ohne Partner und mit einem 20-jährigen eisigen Schweigen im Rücken.

Frau K., die mir diese filmreife Story berichtete, sagte zu mir: »Ich habe ein einziges Problem. Ich kann nicht vergessen, was meine Schwester mir angetan hat. Ohne ihre Habgier wäre mir das kanadische Fiasko erspart geblieben. Verstehen Sie, ich kann meiner Schwester verzeihen. Wir waren beide sehr jung, und sie verdiente damals nicht viel. Aber sie hat mich auf derart schäbige Art ausgetrickst. Ich kann das einfach nicht vergessen. Wenn ich in ihr Gesicht blicke, wird für mich das Vorgefallene lebendig.«

»Verzeihen braucht kein Vergessen«, antwortete ich ihr. »Hätten Sie alles vergessen, wüssten Sie gar nicht, was es zu verzeihen gibt, und Ihre Verzeihung wäre überflüssig. Nein, Verzeihen braucht ein Bewusstsein der menschlichen Abgründe. Vor 20 Jahren haben Sie in einen solchen geblickt, und heute noch schaudern Sie, dessen eingedenk. Also können Sie ermessen, welche Energie und Selbstkontrolle es gekostet haben muss, am Rand und im Sog eines solchen Abgrundes durchs Leben zu spazieren und nicht wiederholt in ihn hineinzuplumpsen. Ihre Schwester hat sich nach ihrem ersten Absturz offenbar darum bemüht. Sie hat einen invaliden Mann gepflegt, hat ihre Arbeitskraft und sogar das Haus für ihn geopfert, was Gipfeln der Menschlichkeit gleichkommt. Sie ist dem Abgrund in sich selbst entrückt. Wenn Sie sie das nächste Mal besuchen, denken Sie daran: Auch heute noch mag die Habgier eine potenzielle Schwäche Ihrer Schwester darstellen, doch diese Schwäche ist eingebremst worden von der Macht der Liebe. Denken Sie daran, und Sie werden in ihrem Gesicht ganz andere Spuren entdecken als bloß die der alten Schäbigkeit ...«

Frau K. tat wie geheißen und überwand ihre Nachtragerei. Leider entschuldigte sich Frau H. nie verbal bei ihr für den geschwisterlichen Betrug von einst. Diesen kleinen »Stolperer in Richtung Abgrund« warf Frau K., wie sie mir erzählte, in die »Verzeihungsmasse« mit hinein. Es verlor an Bedeutung, wodurch die Gegenwart zum Zuge kam, die den Schwestern noch überaus wertvolle gemeinsame Erlebnisse bescherte.

Lernen wir daraus, dass es uns nicht abverlangt ist, ein erlittenes Unrecht zu vergessen. Wen einmal die Schatten aus der Seele eines anderen umnachtet haben, der glaubt nicht mehr daran, dass die Seele des anderen nur gleißend voller Sonnenschein ist – auch nicht, wenn sie sich wieder von ihrer strahlenden Seite zeigt. Wie könnte er? Aber anerkennen darf er es, wenn das Licht aus der Seele des anderen durchsickert und vielleicht sogar Oberhand gewinnt. Wer dann noch den fremden Schatten nachhängt, möge seine eigene Seele auf ihre dunkelsten Ecken überprüfen und zugeben, wie oft er selbst schon aufglimmendes Licht in sich abgewürgt hat.

Noch pointierter hat es ein Ordensmann und ehemaliger Schüler von mir ausformuliert, der in einem Ehevorbereitungsseminar sagte: »Verzeihen setzt kein Vergessen voraus, sehr wohl aber könnte die Gnade des Vergessens die Gunst der Verzeihung voraussetzen.« Wie Recht hat er!

> Verzeihen ist ein Ringen
> mit sich selbst,
> nicht mit dem "Feind".

DAS GESPRÄCH MITEINANDER

»Kindereien« der Gesprächsführung

Mit dem letzten Fallbeispiel sind wir vom Konflikt zwischen verschiedenen Generationen zum *Konflikt innerhalb derselben Generation* übergewechselt. Der hier vordringlichste Problemkomplex betrifft die Kommunikation zwischen Vater und Mutter. Zerstrittene Schwestern mögen unglücklich sein, aber sie reißen keine Kinder mit ins Unglück, wie es bei zerstrittenen Elternpaaren geschieht. Machen wir uns nichts vor: Wenn Vater und Mutter nicht miteinander auskommen, steht die Familie auf dem Spiel. Und das ist ernst.

Ich halte dies für so ernst, dass ich mit Blick auf die Nachkriegsjahre, in denen ich aufgewachsen bin, von einer neuen *Notwendigkeit der Familienzusammenführung* sprechen möchte. In den 40er- und 50er-Jahren des vorigen Jahrhunderts ging es darum, in den Kriegswirren getrennte Familienmitglieder aufzuspüren und einander zuzuführen. (Das »Rote Kreuz« hat sich diesbezüglich beachtliche Verdienste erworben.) Heute werden die Familienmitglieder auch getrennt, aber durch Wirrsale anderer Art. Ausschlaggebend sind mehr die inneren Zustände der Beteiligten als ihre äußeren Umstände. Unrast, Unzufriedenheit und Ungeduld verblenden sie und verlocken zu Extremansprüchen, die kein Partner erfüllen kann.

Dabei ist uns das Ideal von der »heilen Familie« irgendwie ins Herz geschrieben. Dies beweist die Emsigkeit, mit der Familien umstrukturiert werden, sobald sie zerbrochen sind. Fast jeder Geschiedene heiratet wieder. Es ist nicht so, dass man sich scheiden lässt, um frei und unabhängig zu leben; die meisten Geschiedenen halten die Einsamkeit gar nicht aus. Der Kampf um die Kinder verschärft zusätzlich ihre Lage, und auch dieser drückt – bei allen katastrophalen

Auswirkungen – die Sehnsucht nach der »heilen Familie« aus, in der die Kinder nirgends anderswo sind als bei ihren Eltern.

In unserer Gesellschaft haben wir heute eine noch nie da gewesene Menge an Stieffamilien und demgemäß noch nie da gewesene Probleme. Ich bin Kindern begegnet, die auf meine Frage, was ihr Vater von Beruf sei, geantwortet haben: »Welcher?« In ihren Familien gab es die 2., 3., 4. Vaterfigur! Dergleichen ist nicht nur für die Kinder ein Irritationsfaktor, sondern auch für die Stiefeltern eine höchst zwiespältige Situation. Beide Seiten wissen nicht recht, wie sie sich zueinander verhalten sollen. Sie verfügen über keine natürlichen Instinkte dafür, die sie leiten, und über keine traditionellen Vorbilder, sie haben kein gewachsenes Fundament aus gemeinsamen früheren Jahren und keine Vorstellung von etwas Verbindendem in späteren Jahren. Die Kinder akzeptieren die Autorität ihrer Stiefeltern nur schwer. Die Stiefeltern können die Elternfunktion nicht übernehmen und sollen sie doch quasi ausüben. Sie haben familiäre Pflichten, denen keine Rechte gegenüberstehen, und selbst ihre Pflichten sind ausschließlich im Gesetzbuch ihres Gewissens verankert. Die Eifersüchteleien zwischen den leiblichen und nicht-leiblichen Eltern scheinen unvermeidlich, und die künstlich ausgetüftelten Besuchsregelungen entrinnen dem Hauch von Unmenschlichkeit nicht, der an ihnen klebt.

Kennt man die endlose Dramatik der angedeuteten Problematik, dünkt einen die weit verbreitete Meinung, es habe keinen Sinn, *bloß wegen der Kinder* beisammenzubleiben, äußerst leichtfertig und voreilig. Kinder und ihre Entwicklung sind ein hoher Wert, *Wert genug*, um Divergenzen in der Partnerschaft auszuhalten und Konflikte einvernehmlich zu lösen. Große gesellschaftliche Fragen erfordern eben großartige Antworten, die bei aller systemischen Verflochtenheit doch stets von den Einzelnen zu erbringen sind; von den vielen Einzelnen, die in der Summe eine Gesellschaft bilden.

Wenn wir uns im Folgenden mit Aspekten gelingender zwischenmenschlicher Kommunikation befassen, soll dies in erster Linie das Antworten auf die elementare Frage erleichtern, was Vater und Mutter hilft, beisammenzubleiben. Dass dieselben Kommunikationsaspekte Mann und Frau helfen, ihre Beziehung »koevolutionär« (*Jürg Willi*), also gegenseitig aufbauend und stimulierend zu gestalten, versteht sich von selbst. Dass sich überdies die Konflikte zwischen den Generationen reduzieren, sobald sie auf der älteren Generationsebene fair und milde ausgetragen werden, sei ein zusätzlicher Ansporn für Väter und Mütter, miteinander vernünftig und einfühlsam umzugehen.

HUMOR:

»Ich bin eine Frau von wenigen Worten«, sagt die vornehme Gnädige zu ihrem neuen Dienstmädchen. »Wenn ich einen Finger krümme, so bedeutet dies: Herkommen!«

»Das passt mir ausgezeichnet«, entgegnet das Mädchen. »Ich bin auch nicht für viele Worte. Wenn ich meinen Kopf schüttle, so bedeutet dies: Ich komme nicht!«

Warum lachen wir über diesen Witz? Weil das Mädchen, jeglichen Standesunterschied ignorierend, ihrer Herrin Paroli bietet. Sie hat die Lacher auf ihrer Seite.

Bei der zwischenmenschlichen Kommunikation wird es stets dann kompliziert, wenn es im übertragenen Sinne »Standesunterschiede« gibt. Das heißt, wenn der Eloquenzstand der Kommunizierenden sehr verschieden ist und/oder sie sich nicht auf demselben Reifeniveau bewegen. Hier ein klassisches Beispiel von Missverständnissen aufgrund von Reifeniveaudifferenzen:

EXEMPLARISCHES BEISPIEL:

A lädt B zu einem Ausflug ein. B erklärt, dass er keine Zeit dafür habe, weil er mit einem ihm von seiner Firma aufgehalsten Managementprojekt überlastet sei. Während er spricht, laufen bei ihm insgeheim gewisse Erwartungen an sein Gegenüber ab. Er erwartet, dass A erwidern wird: »Ach komm' doch mit, die Arbeit läuft dir nicht davon. Mich freut der Ausflug ohne dich überhaupt nicht!« Vielleicht erwartet er auch ein Verbündnis im Widerstand gegen seine ›bösen‹ Vorgesetzten, etwa der Art: »Nun lass' dich nicht ausplündern, du hast ein Recht auf Freizeit, also nimm' sie dir!«, oder einen Beifall für seinen Fleiß, etwa nach der Art: »Du schuftest sowieso mehr als genug, da brauchst du dringend einen Ausgleich!« B wählt seine Antwort sozusagen demgemäß, was er am liebsten hören würde.

A hingegen vernimmt lediglich, dass B für den Ausflug keine Zeit hat und antwortet nüchtern: »In Ordnung, dann ein anderes Mal ...«

Jetzt ist B tief beleidigt. Er folgert aus der Haltung von A fälschlich, dass er A nicht wichtig sei, dass A ihn keinesfalls vermissen würde, dass es bestens ohne ihn gehe, dass A die Partei der ausbeutenden Firma ergreife usw. In Wirklichkeit ist A genauso frustriert, weil er B gerne bei sich gehabt hätte. Am Ende bleiben zwei enttäuschte Personen zurück, die mit Vergnügen einen gemeinsamen Ausflug gemacht hätten, sich aber leider darüber nicht haben verständigen können.

Wo liegt die Ursache des Problems? Ich möchte sagen: im »Standesunterschied« zwischen den beiden Gesprächspartnern. Während A sagt, was er meint, und deshalb glaubt, dass auch andere Menschen meinen, was sie sagen, klaffen bei B das Sagen und das Meinen auseinander. Sein Reifestand ist niedriger als der von A. Es ist pure »Kinderei«, den anderen mit Falschinformationen testen oder aus der Reserve kitzeln zu wollen. Das »fishing for compliments«, wie es die Amerikaner nennen, geht allzu leicht ins Auge – vor allem ins eigene.

Halten wir fest, dass jede Nicht-Übereinstimmung von Meinen und Sagen (*und* Handeln, das auch dazugehört) ausgesprochen antikommunikativ ist. Bei solchen Menschen kennt man sich nicht aus. Sie wirken unsachlich, unberechenbar, unecht, sie stellen einem im Gespräch ständig Fallen und finden immer einen Aufhänger zum Gekränktsein. Man muss bei jeder ihrer Äußerungen auf der Hut sein und erraten, was sie gerade anpeilen. Das ist auf Dauer anstrengend. Infantilität ist nervenaufreibend. Also zieht man sich zurück ...

Personen auf einem höheren Reifestand sind im Gegensatz dazu offen, geradlinig, transparent, für ihr Gegenüber vorhersagbar und vertrauenswürdig. Man weiß, woran man bei ihnen ist. Ihr Insgeheimes weicht vom Geäußerten nicht ab, zumindest nicht wesentlich. Dies vereinfacht jede Ortung von Positionen und jede Klärung von Motiven. Auch wenn man selber beide nicht teilt, versteht man sie und kann sie in die Suche nach einem Konsens eingliedern. Es ist – ach wie herrlich! – auf das Wort des Partners Verlass.

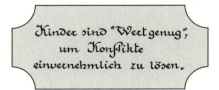

Kinder sind "Wert genug", um Konflikte einvernehmlich zu lösen.

Labilität als Verständigungshindernis

Sind zwei Menschen einander in Zuneigung verbunden, werden die üblichen Kommunikationsregeln unbedeutend. Die Liebe hat ihre eigenen Spiele und Spielregeln. Jeder Liebende kennt den Geliebten gut genug, um dessen Worte und Gesten richtig aufzufassen. Er weiß, was im Ernst und was im Spaß gemeint ist, und schon halbe Sätze des einen genügen, um ganze Botschaften an den anderen »'rüberzubringen«.

Stöhnt zum Beispiel eine Frau beim Bügeln: »Mein Gott, das Zeug hier hält mich heute wieder auf!«, erkennt ihr Mann, dass sie sagen will: »Könntest du bitte inzwischen in der Küche mit dem Salat- und Gemüse-Putzen beginnen?« Man *sieht* eben nicht nur mit dem Herzen gut, man *hört* auch mit dem Herzen gut. Man hört Worte, die niemals über jemandes Lippen gekommen sind.

Hält sich die Zuneigung zwischen zwei Menschen in Grenzen, reduziert sich die Hörfähigkeit des Herzens. Dann müssen die physischen Ohren her, um zu hören, und die Werkzeuge des Verstandes, um zu verstehen. Ohren und Verstand können jedoch nur verarbeiten, was ihnen geliefert wird. Verklausulierte Andeutungen und halbe Sätze reichen ihnen nicht aus. Es ist wie mit den Handschriften, die von Computern gelesen werden sollen. Je »individueller« Buchstaben sind, desto weniger können die Maschinen sie entziffern, obwohl das Auge derjenigen, die mit ihnen vertraut sind, jedes Wort zu interpretieren weiß.

Noch einen Grad schwieriger gestaltet sich die Kommunikation zwischen Menschen, von denen einer seelisch labil ist, also etwa ein geringes Selbstvertrauen besitzt, wegen Kleinigkeiten aus dem Häuschen gerät und insgesamt von überängstlichem Naturell ist. Die Stabilen können sich in die Verzagtheit und Verdrehtheit eines Labilen nicht einfühlen; für sie sind dessen Schrecknisse »Hirngespinste«. Der Labile seinerseits ist zu sehr mit sich selbst beschäftigt, um zu hören, wovon die Stabilen de facto reden. Sogar das Harmloseste riecht für ihn nach Bedrohung.

Da kann es geschehen, dass ein Mann erzählt: »Meine Mutter hat früher in ihre Handtücher und Betttücher eine winzige Rose und daneben ihr Monogramm eingestickt«, und seine Frau antwortet ihm: »So ein Primitivling wie ich kann das halt nicht!« oder »Du hättest ja bei deiner Mutter bleiben können, statt mich zu heiraten!« Kein Zweifel, solche Antworten sind völlig inadäquat und nur zu begreifen auf dem Hintergrund eines tiefsitzenden Minderwertigkeitskomplexes bei der Frau, an dem der Mann gewiss unschuldig ist. Denn selbst, wenn er ihr schon öfters das Vorbild seiner Mutter vorgehalten haben sollte – was aus obigem Satz *keineswegs* entnehmbar ist!, – braucht sie sich nicht als angegriffen oder im Vergleich schlecht abschneidend erleben. Sie kann auch einfach Interesse daran zeigen, wie die Mutter ihres Ehemannes gewesen ist; kann zu sich selbst stehen und gleichzeitig ihrem Mann großzügig erlauben, sich seiner Mutter positiv zu erinnern.

Solange ihr Mann nicht ausdrücklich verlangt, dass sie Wäschestücke bestiche wie seine Mutter, sind Entschuldigungen oder Gegenangriffe fehl am Platz und vergiften das Gesprächsklima.

Ähnlich inadäquat verlaufen Kommunikationsdebakel der folgenden Variante: Eine Frau gießt die Blumen im Vorgarten. Ihr Mann sieht dies und ruft ihr vom Fenster aus zu: »Ich hätte die Blumen schon gegossen. Ich kann bloß nicht alles auf einmal machen ...« Niemand hat ihm etwas vorgeworfen. Die Vorwurfsempfindsamkeit sitzt in seiner eigenen Seele. Wiederum gilt: Selbst wenn seine Frau ihn bereits öfters gemahnt haben sollte, an die Blumen zu denken, ja selbst, wenn sie finsteren Blicks die Gartenarbeit erledigt, braucht er sich nicht kritisiert zu fühlen. Sie tut Ihres und er Seines. Er kann ruhig anerkennen, was sie leistet, im Bewusstsein, dass auch er nicht untätig ist.

Solange seine Frau ihn nicht als faul schilt, sind Rechtfertigung und Verteidigung absolut unangebracht und vergiften das Gesprächsklima.

Seelisch kränkelnde Menschen sind Meister darin, ihren Worten verdeckte Bedeutungen zu geben und in Analogie fremden Worten und Gesten solche beizumessen. Sie scheuen klare, offene Aussprachen. Klarheit hat etwas Festlegendes, vor dem sie sich fürchten. Eindeutigkeit lässt kein Hintertürchen mehr offen, durch das sie bei Brenzligkeit entschlüpfen können. Würde die vorhin erwähnte Frau zu ihrem Mann sagen: »Wahrhaftig, deine Mutter konnte wundervoll sticken. Welche Geduld muss sie gehabt haben«, würde sie sich für einen potenziellen Vergleich exponieren, der zu ihren Ungunsten ausfallen könnte. Diesen Schmerz will sie von vornherein abwehren, indem sie aggressiv reagiert. Würde der vorhin genannte Mann seiner Frau durch das Fenster zurufen: »Danke, dass du dich um die Blumen kümmerst«, würde er indirekt eingestehen, dass er bislang nicht an den Garten gedacht hat. Auch er will jedweden Kommentar darüber mittels »vorbeugendem Gegenvorwurf« abblocken.

Man muss wissen, dass seelisch labile und kranke Menschen mitunter massives Leid erfahren haben, von dem sie sich eine Wiederauflage ersparen möchten. Doch die Gefahr lauert überall. Sagt man zu etwas Ja, kann man darauf verpflichtet werden: »Du warst doch einverstanden ...!« Sagt man zu etwas Nein, kann man ausgeschlossen werden: »Na, wir werden es ohne dich schaffen!« Bittet man um etwas, kann man erniedrigt werden: »Tut mir Leid, aber mir wird auch nichts geschenkt!« Dankt man für etwas, kann man belehrt werden: »Hättest du klüger gewirtschaftet, wärest du nicht auf Almosen angewiesen!« So haben diese Menschen gelernt, sich in »Wischiwaschi-Form« durch das Leben zu winden. »Um jeden Preis Leid ersparen« ist ihre merkwürdige Devise, und demgemäß reden sie: abwehrend, sich verteidigend, misstrauisch lauernd und ihre Gefühle hinter Spott und Stumpfheit versteckend. Normale Partner, die nichts weniger vorhaben, als ihnen ein Leid zuzufügen, können sich dabei nur wundern – oder ärgern.

Außerdem haben nicht alle seelisch kränkelnden Menschen Schlimmes erfahren. Manche tragen von Anfang an eine unglückselige Disposition in sich, der sie nachgeben. Andere manövrieren sich durch unethisches und verantwortungsloses Verhalten selbst in ihre Krisen. Der Mensch ist keine Ausgeburt seiner Vergangenheit und kein Sammelsurium seiner Einflussfaktoren. Er ist und bleibt *aktiver Mitschöpfer seiner Identität*. Es liegt *an ihm*, seine Schwächen unter Kontrolle zu halten und seine Stärken fruchtbar werden zu lassen. Statt ihre Schwächen weise zu zügeln, lehnen sich aber seelisch angeschlagene Menschen gerne an starke und in sich ruhende Persönlichkeiten an. Umgekehrt ziehen seelisch robuste Menschen wankelmütige und unsichere Persönlichkeiten magnetisch an. Das wäre im Prinzip eine beidseitig hoffnungsvolle Konstruktion (durchaus im Sinne der Bergpredigt!), wenn nicht massive Kommunikationsprobleme daraus erwachsen würden. Denn die »sich anlehnenden Schwachen« polen ihre gesunden Trotzkräfte nunmehr vielfach destruktiv um: Statt ihren Defiziten tapfer zu trotzen, bekämpfen sie ihre Defizite in den Starken.

In der Psychologie sind derartige Projektionsphänomene längst bekannt. Mittel zu ihrer Verhinderung sind jedoch noch nicht gefunden worden. Einer ist geschwätzig. Er schimpft über das endlose Geplapper seiner Nachbarn.

Einer ist träge. Er alteriert sich über die Langsamkeit der Handwerker. Einer drängelt beim Autofahren. Er flucht über die rücksichtslosen Autofahrer auf den Straßen. Einer ist skrupulant. Er beschwert sich über die Pedanterie seiner Vorgesetzten. So geht es fort ... der Splitter im Auge der anderen stört diejenigen am meisten, die selbst Balken vor ihren Augen haben.

Das bleibt nicht ohne Auswirkung auf die Gesprächskunst. Die seelisch Stabilsten geraten aus dem Gleichgewicht, wenn ihnen ständig ungerechte und unzutreffende Vorhaltungen gemacht werden. Das Gewicht derer, die sich an sie anlehnen, drückt sie zudem nieder. Das Gezeter um Nichtigkeiten zermürbt sie. Irgendwann rasten sie aus, und das Malheur ist irreparabel, weil – für die Schwachen ein Weltuntergang.

Überlegen wir: Was ist der Dreh- und Angelpunkt der beschriebenen Projektionsphänomene? Es ist die alte Leier, nämlich der forcierte Wunsch, sich ein Leid zu ersparen. Wer sich seine Fehler ehrlich eingesteht, kann ihrer Herr werden, nur muss er eben die »traurige Nachricht« zur Kenntnis nehmen, *dass er Fehler hat*. Dass er unvollkommen ist. Wer seine Fehler von sich wegprojiziert, muss nichts dergleichen aushalten. Seine Unvollkommenheit ist für ihn tabu. Mit dem »Kopf im Sand« erspart er sich, das betrübliche Spiegelbild seiner Schwäche zu erspähen. Dafür aber wird er aus seiner Schwäche nie erlöst werden.

„Für die Kommunikation sind Eigenleid ersparende Maßnahmen"
Gift.

Wie vieles hängt an der Kommunikation!

Ein blendendes Beispiel für die erwähnten Zusammenhänge offerierte die amerikanische Linguistikerin *Deborah Tannen* in einem ihrer Kommunikationslehrbücher[10]. Es sei zur näheren Erläuterung hier abgedruckt:

AUTHENTISCHER BERICHT VON DEBORAH TANNEN:

»Ich erinnere mich an einen Streit gegen Ende meiner Ehe. Er ist mir im Gedächtnis geblieben, nicht weil er so ungewöhnlich, sondern weil er so schmerzlich typisch war, und weil der Grad meiner Frustration einen neuen Höhepunkt erreichte. Ich glaubte, den Verstand verlieren zu müssen. Wie so häufig ging es um Pläne für gemeinsame Unternehmungen – belanglose Pläne, Pläne ohne große Konsequenzen, aber eben Pläne, die meinen Mann und mich betrafen und daher gemeinsam beschlossen werden mussten. In diesem Fall ging es darum, ob wir eine Einladung meiner Schwester annehmen sollten oder nicht.

Ich fragte – in der Geborgenheit unseres trauten Heimes und voll Vertrauen in meine liebenswürdige Bereitwilligkeit, den Wünschen meines Mannes in jeder Beziehung entgegenzukommen: ›Möchtest du meine Schwester besuchen?‹ Er antwortete: ›Okay.‹ Ich schätze, ›okay‹ hörte sich für mich nicht wie eine Antwort auf meine Frage an; es schien anzudeuten, dass er mit irgendetwas einverstanden war. Ich hakte also nach: ›Hast du wirklich Lust, sie zu besuchen?‹ Er explodierte. ›Du machst mich wahnsinnig! Könntest du dich vielleicht mal entscheiden, was du eigentlich willst?‹

Seine Explosion stürzte mich in heillose Verwirrung. Zum einen hatte mein Vater mich gelehrt, dass auch die hässlichsten Gefühle in gemäßigtem Ton vorzutragen sind, sodass schon die Lautstärke und die Heftigkeit meines Mannes mir immer Angst einjagten – und mir moralisch falsch vorkamen. Aber das Schlimmste, was mich nicht so sehr in Wut, als vielmehr in ungläubige Empörung versetzte, war seine offenkundige Irrationalität. ›Was *ich* will? Ich habe noch gar nicht gesagt, was ich will. Ich bin bereit, alles zu machen, was *du* willst, und das ist der Dank?‹ Ich hatte das Gefühl, in einem absurden Theaterstück gefangen zu sein, während ich mich doch verzweifelt nach einer konventionellen Inszenierung sehnte.«

Versuchen wir, die obige »Szene« zu analysieren, bevor uns *Deborah Tannen* die Lösung des Rätsels serviert. Ein Ehepaar wird von der Schwester der Ehefrau eingeladen. Das Paar muss beschließen, die Einladung anzunehmen oder abzusagen. Dazu muss es zunächst eruieren, wer dafür und wer dagegen ist. Sind Mann und Frau übereinstimmend dafür oder dagegen, hat das Paar kein Problem; dann ist die Beschlussfassung ein Kinderspiel. Ist hingegen einer von beiden dafür und einer dagegen, muss das Paar die jeweiligen Pro- und Kontra-Argumente gemeinsam prüfen und abwägen.

Die Frau startet dieses Procedere, indem sie ihren Mann fragt, ob er ihre Schwester besuchen möchte. Er signalisiert Zustimmung. Nun wäre die Frau an der Reihe, ihre Meinung kundzutun. Sie ist sich jedoch der Meinung ihres Mannes noch nicht gewiss, weshalb sie ein zweites Mal nachfrägt. Was dann passiert, gibt ihr rückwirkend Recht. Weder bestätigt er seine Zustimmung noch annulliert er sie, stattdessen »explodiert« er. Er ist mit sich selbst keineswegs im Reinen.

Wir dürfen vermuten, dass seine Begeisterung über die Einladung zur Schwester seiner Frau gedämpft ist. Ambivalente Gefühlen mögen in seiner Brust wogen. Vielleicht mag er jene Schwester nicht besonders, will aber seiner Frau den Besuch bei ihr nicht vermasseln. Sein Innerstes zeigt auf »fifty-fifty«. Das ist ärgerlich, wenn er »Farbe bekennen soll«, wozu ihn die Zweite deutliche Nachfrage seiner Frau zwingt. Jetzt müsste er sein »fifty-fifty« offenbaren ... da holt er es aus seiner Brust und wirft es »von sich wegprojizierend« seiner Frau an den Kopf: »Kannst du dich denn nicht entscheiden ...?«

Es lässt sich nicht beschönigen: Dem Bericht nach ist der Mann der seelisch Labilere von beiden Eheleuten. Hätte er seine Ambivalenz ausgesprochen, hätte die Frau gewusst, woran sie ist. Hätte er geantwortet: »Ich habe keine große Lust, deine Schwester zu besuchen, aber wenn dir viel an einem Wiedersehen mit ihr liegt, bin ich bereit, dich zu ihr zu begleiten«, hätte sie verstanden, dass bei ihm Kontra überwiegt. Da sie uns im obigen Text verrät, dass sie ihm in dieser Angelegenheit entgegenkommen will, hätte sie die Sache mit den Worten abschließen können: »Nein, auch mir liegt nicht übermäßig viel an einem Besuch. Ich werde meine Schwester anrufen und unser nächstes Familientreffen einige Wochen hinausschieben.«

Kommen wir jetzt zur Lösung des Rätsels aus dem Munde der Autorin:

FORTSETZUNG DES AUTHENTISCHEN BERICHTS:

»Als ich meinen Mann fragte, ob er meine Schwester besuchen möchte, war es für ihn sonnenklar, dass ich ihm damit zu verstehen gab, dass *ich* sie besuchen wollte. Er dachte, sonst hätte ich das Thema gar nicht angeschnitten. Da er sich einverstanden erklärte, mir meinen Wunsch zu erfüllen, hätte ich (aus seiner Sicht) einfach frohen Herzens akzeptieren sollen. Als ich meine zweite Frage anfügte: »Hast du wirklich Lust, sie zu besuchen?«, hörte er wiederum heraus, dass ich lieber zu Hause bleiben wollte und ihn darum bat, mir aus der Patsche zu helfen. Er reagierte auf Andeutungen, die ich nicht gemacht hatte ...«

Freilich hätte die Ehefrau mit dem »okay« ihres Ehemannes zufrieden sein können. Ihre Klärungsbeharrlichkeit war jedoch nicht die Ursache der misslungenen Kommunikation zwischen den beiden. Die Hauptursache war des Mannes Unart, falsche Nuancen, ja, geradezu Misstöne in ihre Fragen hineinzufantasieren. Wie kam er darauf? *Menschen schließen von sich auf andere!* Er hörte »Ego-Nuancen«, »Ego-Misstöne« aus ihren Worten heraus. Er lauschte praktisch nicht *ihrem* Anliegen, sondern *seinem* Echo. Sicher war er selbst ein Meister der Sprache voller verdeckter Bedeutungen, wie sein schillerndes »okay« beweist. Deshalb glaubte er wohl, sie verschlüssele ihre Aussagen ebenso und verstrickte sich im eingebildeten »Schlüsselwirrwarr«.

Aus dem Buch von *Deborah Tannen* erfahren wir, dass ihre Ehe nicht hat gerettet werden können. Das ist schade. Denn wenn man die Grundintentionen von ihr und ihrem Mann – jenseits aller Kommunikationsschwierigkeiten – betrachtet, wird man von der durchaus zärtlichen Opferbereitschaft beider Partner berührt. Die Frau wollte den Wünschen ihres Mannes entgegenkommen. Der Mann wollte seiner Frau einen Wunsch erfüllen. Ein solches Wollen ist nicht pauschal als Ausdruck von Hörigkeit und

Unmündigkeit abzustempeln. Ein beachtlicher Anteil daran mag schlichtweg Zeichen echter Liebe gewesen sein.

Wie schade, dass diese Zeichen im Disput spurlos untergegangen sind!

> Man vermeide es,
> in Andeutungen zu sprechen
> oder zu hören.

Fünf in Humor verpackte Todsünden

Zu den konfliktschürenden Kommunikationsfehlern, die schnell den Haussegen schief hängen, zählen weitere fünf. Ich möchte sie folgendermaßen betiteln:

1) Das Beschwichtigungsreden
2) Das Klug-daher-Reden
3) Das Aneinander-vorbei-Reden
4) Das Drückeberger-Reden
5) Das Double-bind-Reden

Weil hier nicht der Ort für fachtheoretische Abhandlungen ist, sei die Quintessenz dieser gefährlichen Fünfergruppe jeweils mit einem leisen Schmunzeln dargelegt. Heiterkeit sei das Löffelchen Zucker, das eine bittere und dennoch für Freundschaften und Gemeinschaften lebensnotwendige Medizin versüßt.

1) Das Beschwichtigungsreden

HUMOR:

Der kleine Fritz ist auf Ferienlager und schreibt an seine Eltern: »Liebe Mama, lieber Papa, das Wetter ist schön, mir geht es gut, macht euch keine Sorgen. Aber bitte: Was ist eine Epidemie? Viele Küsse, Euer Fritz!«

Selbstverständlich wollen wir Klein-Fritzchen keinerlei Beschwichtigungsabsicht unterstellen, zumal ein solches Ziel in seinem Fall zweifelsohne verfehlt worden wäre. Kindermund ist generell unschuldig.

Der Text: »Alles ist schön und gut, macht euch keine Sorgen ...« wird jedoch nicht selten von Erwachsenen in misslichen Situationen verwendet, in denen sich ihre akuten Sorgenanlässe bereits »epidemieartig« ausbreiten. Manche wollen sich selbst damit Optimismus einimpfen, etwa im Sinne des »positiven Denkens«. Das ist noch relativ löblich. Die meisten aber wollen nach außen hin die Fassade wahren, vor anderen Leuten unbefleckt dastehen oder deren Appelle und Warnungen bagatellisierend umschiffen.

In einer Partnerschaft, in der sich die Schicksale zweier Menschen auf das Engste verflechten, können weder Fassaden aufrecht erhalten werden noch kann Appellen und Warnungen erfolgreich ausgewichen werden. Alkoholkranke zum Beispiel sind erstaunlich lange in der Lage, ihre Mitwelt (und sich selbst natürlich auch!) über ihre Sucht hinwegzutäuschen; nur: Ihre Partner und Partnerinnen wissen Bescheid. Also versuchen diese Ehefrauen und Ehemänner, das drohende Unheil abzuwenden mit dem Resultat, gegen Wände zu rennen. Der Betroffene simuliert Normalität, die Bekannten ahnen fast nichts, und die sich zuspitzende Katastrophe hat freie Bahn.

Ähnlich übel verlaufen Beschwichtigungstendenzen mit vertauschten Rollen. Jemandem geht es wirtschaftlich, gesundheitlich oder sozial »dreckig«, und alle ringsum registrieren es, aber keiner spricht es an. Nicht einmal der Partner, der zwangsläufig mehr mitbekommt und tiefer mit drinnen hängt als sämtliche anderen, rafft sich dazu auf, die Sache beim Namen zu nennen. Der Betroffene soll geschont werden, lautet die übliche Ausrede. Allein, derlei »Schonung« bietet jenem, der gerade im »Dreck« steckt, wenig

Angenehmes. Er ist allein gelassen. Weh- und Hilferufe, zu denen er ansetzt, ersticken ihm in der Kehle. Was ihn umtreibt, wird nicht ernst genommen, was ihm bevorsteht, totgeschwiegen. Es fragt sich, ob eine lahme *Ver*tröstung wie: »Ach, du Armer! Du hast wirklich Pech gehabt. Aber du wirst sehen, bald wird es mit dir wieder aufwärts gehen!«, noch besser ist als gar nichts. Ich bin skeptisch ...

Im Allgemeinen wollen notorische Beschwichtiger weder schonen noch trösten. Sie wollen simpel vom fremden Unglück nicht belästigt werden. Sie möchten glühend heiß die Tatsache ignorieren, dass ihnen ein genauso schlimmes oder noch schlimmeres Unglück widerfahren könnte, und zwar schon morgen. Die Lebenstüchtigen scheuen den Geruch der Versager, die Kerngesunden den Moder körperlichen Verfalls. Wer zur Brüchigkeit und Vergänglichkeit des Irdischen nicht Ja gesagt hat, kann ihr nicht gegenübertreten, kann einem brüchigen, vergänglichen Gegenüber in Menschengestalt nicht ruhigen Herzens entgegentreten. Ehepartner von Sterbenden zum Beispiel sind nahezu immer ärztlicherseits informiert und trotzdem verabschieden sie sich oft nicht von ihren Lieben in letzter Innigkeit. Stattdessen nähren sie eine illusionäre Hoffnung, die die Mehrzahl der Sterbenden gefühlsmäßig nicht mittragen kann, weil sie sich und ihrer kleingläubigen Erdenwahrheit längst einen Schritt voraus ist.

Differenzieren wir hiermit: Die durchschnittlichen Missgeschicke des Alltags dürfen vernachlässigt werden. Sie sind weder ein weinerliches Gezeter noch ein mitleidiges Bedauern wert. Zieht man generös »den Schwamm darüber«, zerrinnen sie wie Kreidezeichnungen an der Schultafel und schaffen Platz für gelungenere Neuentwürfe. Tritt aber eine menschliche Tragödie über unsere oder unserer Angehörigen Schwelle, darf sie nicht verharmlost werden. Sie ist resistent. Kein Schwamm dieser Welt kann sie auslöschen. Sie ist mehr als eine Kritzelei an der Tafel, denn sie selbst wird das Leben der Betroffenen ein- für allemal zeichnen. Deshalb heißt es in ihrem Beisein, einander nicht anzulügen und nicht in Wunschträumen zu wiegen, sondern einander tapfer zu stützen und den Passionsweg Schulter an Schulter zu beschreiben.

2) Das Klug-daher-Reden

BONMOT:

Immer wird es Eskimos geben,
die den Eingeborenen von Zentralafrika
Verhaltensmaßregeln für die Zeit
der großen Hitze geben werden.
(D. Dorenbeck)

Wir sind thematisch bei den Ernst- und Grenzfällen des Lebens, die kein (gut oder schlecht gemeintes) Beschwichtigungsreden dulden. Neben der Verniedlichung erlauben sie ein Zweites nicht, nämlich das Klug-daher-Reden. Wie absurd sich etwaige Ratschläge von Eskimos für die Afrikaner anhören würden, ist unschwer nachzuvollziehen. Mit ein bisschen Fingerspitzengefühl kann man sogar ein gewisses Unbehagen nachempfinden, das den Afrikanern im Bauch hochkribbeln würde, sollten sich Eskimos erdreisten, über die Bewältigung von Hitzeproblemen zu philosophieren. »Wohnt erst ein Jahrzehnt in unseren Breiten«, würden die Afrikaner aufbegehren, »und dann setzen wir unsere Unterhaltung fort!«

Bei gravierenden Schicksalseinbrüchen können einzig Personen mitreden, die Ähnliches oder Gleiches erlebt haben.

Man darf zwar argumentieren, dass die »tragische Trias« Leid, Schuld und Tod (*Frankl*) in jedem Haus und in jeder Familie zu Gast und daher niemandem unbekannt ist, doch ein soeben Betroffener erlebt sein Leid nicht als eine »Grundbedingung menschlicher Existenz«, sondern in greller Exklusivität, als wäre er der Erste und Letzte, den ein solch furchtbares Schicksal ereilt. Insofern würde es auch den Kummer der Afrikaner nur geringfügig lindern, würden die Eskimos betonen, dass ihnen die Wucht von Klimagewalten vertraut ist – aus den Schneestürmen und der klirrenden Kälte ihrer Heimat.

Zu einer wahren »Todsünde« aber avanciert das Klugdaher-Reden im Munde der chronischen Besserwisser, die alles Negative stets im Vorhinein gewusst haben, die im Nachhinein immer genau um die Schuldigen wissen, und die anstelle der Betroffenen alles anders – und viel klüger! – gemacht hätten. Sie sind die Situationsverschärfer par excellence, die mit ihren Kommentaren zerschlagen, was noch an Menschlichkeit übrig ist. Da halte man lieber die Zunge im Zaum und zeige sich den vom Leid Betroffenen in der ganzen Ohnmächtigkeit und Wortlosigkeit, die uns angesichts von Ernst- und Grenzfällen des Lebens anficht.

> Schließe nicht die Augen vor dem Schmerz;
> schließe eher den Mund!

»Ich tu's nicht mehr, und basta!«

FALLBEISPIEL:

Ein Mann war nach einem Selbstmordversuch an mich überwiesen worden. Im Gespräch stellte sich heraus, dass es sich um eine Kurzschlusshandlung wegen finanzieller Verschuldung gehandelt hatte. Der Mann hatte vormals als KFZ-Mechaniker ordentlich verdient und sich ein Rennauto auf Raten geleistet. Damit hatte er sich bei einer Rallye überschlagen. Fazit: Seine rechte Hand blieb gelähmt und das Rennauto war irreparabel kaputt. Er verlor seine Arbeit, für die er zwei intakte Hände gebraucht hätte, und musste trotzdem die monatlichen Raten für das Rennauto weiter bezahlen. Als er keinen Ausweg mehr fand, strangulierte er sich; der locker verknotete Gürtel seines Bademantels löste sich jedoch, und er kam mit einem Schock und ein paar Prellungen davon.

Ich überflog den mir vorgelegten Arztbericht. »Sie haben Frau und Kinder?«, las ich darin. »Ja«, nickte er. »Zwei Buben im Alter von vier und elf Jahren.« »Sie haben mir von dem Rennauto und von Ihrem Beruf erzählt«, fuhr ich fort, »erzählen Sie mir jetzt von Ihrer Gattin und Ihren Söhnen.«

Die Uhr tickte, die Minuten verrannen. »Ich wollte sie in mein Elend nicht hineinziehen«, stöhnte er schließlich. »Ich wollte ihnen verheimlichen, wie es um mich stand. Das ging nicht ... Ich allein bin an unserem Elend schuld. Ich weiß nicht, was ich machen soll ...« Er verbarg seinen Kopf in der Ellbogenbeuge, sein Körper bebte. Mir dämmerte, dass seine Verzweiflung mit seiner Familie zusammenhing und nicht bloß mit seinem physischen Handicap und der desolaten Finanzlage. Ich drückte ihm den Telefonhörer in die linke

Hand. »Rufen Sie Ihre Frau an und bitten Sie sie, zu unserem Gespräch dazuzustoßen«, forderte ich ihn auf.

Als die Frau bei uns ankam, fing ich sie vor der Türe des Beratungszimmers ab und instruierte sie kurz. Ihr saß der Schrecken über den Selbstmordversuch ihres Mannes noch in den Gliedern und sie versprach sofort, auf jegliche Vorwurfshaltung zu verzichten. Bald entwickelte sich ein Dreiergespräch, das mich an ein Heldenepos erinnerte, denn eine »Heldin« wie diese Frau habe ich nie wieder gesehen. Sie startete, indem sie zum Ausdruck brachte, wie froh sie sei, dass ihr Mann noch lebe. »Du musst mich verachten ...«, heulte er dazwischen. Ich mahnte ihn, mit seiner Frau auf fairer, partnerschaftlicher Ebene zu kommunizieren. »Sie ist froh, und basta!« Der nächste Punkt betraf das unselige Rennauto. Lächelnd erklärte die Ehefrau, dass sich ihr Mann wenigstens ein paar Monate lang einen uralten Kindertraum habe erfüllen können. Das gönne sie ihm, wenngleich der Preis dafür ungeheuerlich gewesen sei. »Für den Blödsinn habe ich unsere Zukunft ruiniert«, jammerte der Mann, doch ich stoppte seine Selbstbezichtigung. »Ihre Frau gönnte Ihnen dieses Vergnügen, und basta!« Dann kam die gelähmte Hand an die Reihe. Die Ehefrau verkannte nicht die Schwere des Verlustes. »Das ist bitter«, sagte sie zu ihm. »Ich kann dir nur versichern, dass ich dich liebe, wie du bist.« Schon öffnete er den Mund zu irgendeiner Entwertung, da traf ihn mein Blick, und er murmelte stattdessen ein leises »Danke« vor sich hin.

Wir rangen drei Stunden miteinander. Erarbeitet wurde ein strikter Sparplan inklusive dem Verkauf einiger Schmuck- und Luxusgüter, eine Petition an die Bank, das Darlehen zu strecken, eine Serie von Ideen, welche Tätigkeitsbereiche und Umschulungen für einen einhändigen Mechaniker infrage kämen sowie eine Palette von väterlichen und ehelichen Aufgaben, die in der arbeitslosen Zwischenzeit von dem Mann zu Hause übernommen werden konnten – zur Freude der vierköpfigen Familie. Als sich die beiden erschöpft, aber in neuer Einigkeit (und mit »frisch gebackenen« Perspektiven unter dem Arm) von mir verabschiedeten, fragte ich den Patienten, ob er den Gedanken, aus dem Leben zu scheiden, ehrlich aufgegeben habe. Er bejahte. Ich muss ihn wohl prüfend angeschaut haben, denn er drehte sich an der Türe noch einmal um und sagte mit einem Hauch von Verschmitztheit: »Ich tu's nicht mehr, *und basta*!«

Viel Zeit ist seither vergangen. Heute ist der Mann ein gesuchter Fachingenieur, und seine Söhne steigen bereits in seine Fußstapfen. Über seine Frau weiß ich nichts, aber ich hoffe, dass sie sehr glücklich ist. Sie hätte es wahrlich verdient!

Wenn wir rekapitulieren, was den ehemaligen Patienten aus dieser Fallgeschichte zum Selbstmordwunsch getrieben hat, müssen wir feststellen, dass es seine ursprüngliche Beschwichtigungs- und Verheimlichungstendenz gewesen ist, die angesichts von Handicap, Entlassung und Schuldenberg nicht mehr hat durchgezogen werden können. Er hat nicht offen mit seiner Familie über seine Probleme gesprochen und ist fast buchstäblich an seiner Reue und Scham erstickt. Wenn wir ferner rekapitulieren, was ihn gerettet hat, dürfen wir erkennen, dass es hauptsächlich der weise Entschluss seiner Frau gewesen ist, nicht »klug daher zu reden«, wofür es reichlich Verlockung gegeben hätte der Art: »Ich war von Anfang an gegen das Rennauto! Oft genug habe ich dich gewarnt, aber du musstest ja deinen Willen durchsetzen. Du warst in jeder Hinsicht leichtsinnig, hast Kopf und Kragen riskiert, und unser gesamtes Vermögen dazu ... Jetzt siehst du, was du angerichtet hast, und ich und die Kinder müssen es mitausbaden ...«

Niemand ist ein Hellseher. Niemand kann alle Eventualitäten vorausbedenken. Und könnte er es, müsste er dennoch Entscheidungen treffen, die nicht ohne Wagnis sind. Garantien für einen guten Ausgang sind nur im Märchen zu haben, nicht in unserer Lebenswirklichkeit. Mithin ist es stets leicht, hinterher klug zu sein. Der Klügste jedoch ist derjenige (oder diejenige, siehe oben!), der seine Hinterher-Klugheit für sich behält und höchstens selbst daraus lernt, sich aber hütet, sie dem vom schlechten Ausgang Betroffenen brühwarm aufzutischen.

3) Das Aneinander-vorbei-Reden

HUMOR:

Die Tochter eines Deutschprofessors kommt nach Hause und fällt ihrem Vater weinend um den Hals. »Du, Papa, i kriag a Kind!«, schluchzt sie. »Um Himmels willen!«, klagt er. »Fünf Jahre warst du in einem teuren Mädcheninternat – und sprichst noch immer Dialekt!«

Zwei Kategorien von Menschen pflegen regelmäßig an ihren Dialogpartnern vorbei zu reden. Die einen sind die Egoisten und Narzissten, deren Interessenssphäre am Rande des eigenen Tellerrands endet. Was nicht Ihres ist, gilt als belanglos, und Belanglosem braucht man keine Aufmerksamkeit zu schenken. Dieser Kategorie kann man einzig das Singletum empfehlen, alle sonstigen Daseinsformen sind für sie ungeeignet.

Menschen der anderen Kategorie sind wesentlich nettere Zeitgenossen, aber eben »Kinder unserer Zeit«. Sie darben an einem Manko des Einfühlungsvermögens. Sie intuieren nicht mehr, was in ihren Dialogpartnern vor sich geht. Logischerweise greifen sie dann mit ihren Äußerungen und Antworten daneben und verfehlen sozusagen die Pointe.

Dieses Manko ist charakteristisch für unsere hoch technisierte Zivilisation. Dick aufgetragen, könnte man es einen Kulturdefekt nennen. Denn die Kultur von heute bedarf zu 90 % *zweier Simultankanäle*, durch die sie von ihren Produzenten zu ihren Konsumenten fließt: des Visuellen und des Akustischen. Wir sind es gewohnt (und unsere Nachfahren werden es für lächerlich evident halten), über Bild und Ton informiert zu werden, wie es die Kommunikationsorgane des 21. Jahrhunderts – TV und PC – tun. Daher schrumpft unsere Fähigkeit sukzessive, *Ein-Kanal*-Informationen aufzunehmen und in den richtigen Kontext zu platzieren. Erschwerend tritt hinzu, dass *Ein-Kanal*-Informationen Geduld und innere Sammlung verlangen, um in vollem Umfang begriffen zu werden. Das Lesen eines Buches zum Beispiel, das über den visuellen Kanal allein läuft, verlangt Muße und Ruhe. Das einem Musikstück oder einem Hörspiel Lauschen, was nur über den akustischen Kanal läuft, verlangt nicht weniger zentripetale Präsenz. Man kann zwar bedruckte Blätter überfliegen oder sich tonal berieseln lassen, während man mit drei anderen Sachen beschäftigt ist, aber der Informationsgewinn (vom Erlebniswert abgesehen) ist dann minimal. Sammlung, Muße, Ruhe und geistige Präsenz sind jedoch in unserer schnell-lebigen Zeit rar geworden, so rar, dass sie fast schon von Raritäten zu kostbaren Antiquitäten aufsteigen.

Wen wundert es unter diesen Umständen, dass Menschen sich zunehmend weniger gut ineinander einzufühlen vermögen. Die Worte eines Dus sind akustische *Ein-Kanal*-Informationen. Freilich liefern Gestik und Mimik des Dus ein kleines Optikum hinzu. Aber wer beherrscht schon die Kunst der Dechiffrierung von Körpersignalen? Der »Deutschprofessor« aus obigem Witz erweist sich darin jedenfalls als sehr ungeübt. Er hört den Dialekt der Tochter und reagiert darauf. Ihren Kummer hört er nicht. Solche »Deutschprofessoren« irren zu Hauf durch unsere Lande ...

> Ein einfühlsamer Mensch versteht mehr als hundert Professoren.

Drückeberger und Double-bind

4) Das Drückeberger-Reden

HUMOR:

Fragt der Lehrer: »Der Vater hat eine Kuh, die täglich fünf Liter Milch gibt. Wie viel Milch gibt sie in zehn Tagen, Michael?« – »Mein Vater hat keine Kuh.« – »Günther?« – »Ich habe keinen Vater.« – »Hubert?« – »Unsere Kühe geben zur Zeit keine Milch!«

Beim Drückeberger-Reden handelt es sich auch um ein Nicht-verstehen des Gesprächspartners, allerdings um ein scheinbares, um ein beabsichtigtes. Die Schüler aus dem Witz begreifen exakt, was ihr Lehrer von ihnen will. Um nicht rechnen zu müssen oder gar eingestehen zu müssen, dass sie den Rechenmodus nicht beherrschen, greifen sie zu Spezialausflüchten. Drückeberger sind oft geschickte Spezialisten auf diesem Gebiet. Sie lügen nicht plump, zum Beispiel: »Multiplizieren haben wir noch nicht gelernt ...«, was ihnen sofort widerlegt werden könnte, sondern stellen sich dumm, taub, arm, stressbeladen, unbeteiligt und was es an Ausweichvarianten sonst noch gibt. Sie sind Könige des Sich-Verstellens, schlüpfen elegant in das Gewand einer Figur, die *nicht zuständig* ist, und drücken sich solcherart vor ihrer Verantwortlichkeit.

In engen Beziehungen zwingen sie ihren Beziehungsgefährten damit eine übergewichtige Verantwortungsbürde auf. Weil die Drückeberger nie zuständig sind, nicht für die

Planung von Unternehmungen, nicht für die Erziehung der Kinder, nicht für Reparaturen im Haus, nicht für eine Altersvorsorge usw., müssen ihre Ehefrauen, Ehemänner, Eltern und Verwandte ständig für sie mitkalkulieren und in Einsamkeit »gemeinsame« Entscheidungen fällen, die von den Drückebergern achselzuckend boykottiert werden können.

Kommunikativ kommt es dabei manchmal zu Dialogblüten der Sonderklasse: Partner A ist außer Stande, einen aktuellen Inhalt mit Partner B durchzudiskutieren.

TYPISCHES DRÜCKEBERGER-DIALOGMUSTER:

SIE: Ich sorge mich um unseren Adrian. Er ist in letzter Zeit auffällig verschlossen und unzugänglich geworden. Gelegentlich wirkt er mit seinen Gedanken völlig abwesend. Auch haben sich seine Schulnoten rapide verschlechtert.

ER: Die Lehrer sind nicht mehr vom alten Schlag. Als wir noch jung waren, hatten wir echte Pädagogen mit Saft und Kraft und Autorität als Erzieher. Heutzutage sind sie alle mehr oder weniger ausgebrannt ...

SIE: Adrian hat keine schlechten Lehrer. Begleite mich doch einmal zum Elternsprechtag. Mein Eindruck ist, dass Adrian eher Glück mit seinen Lehrern hat. Sie ermutigen ihn behutsam zum Lernen und loben ihn für jede kleine Anstrengung seinerseits. An den Lehrern liegt es bestimmt nicht.

ER: In Ordnung, Liebling. Wenn dir dann leichter ist, revidiere ich meine Meinung über die heutigen Pädagogen. Ich erkläre sie – zu wahren Heiligen!

SIE: Du, das ist nicht lustig! Ich habe Angst, Adrian könnte mit Haschisch in Berührung gekommen sein. Man liest, es sei eine gefährliche Einstiegsdroge. Sie würde das Denken und Verhalten der Jugendlichen verändern. Unter Haschischeinfluss würden sie passiv und apathisch werden. Es ist eine entsetzliche Vorstellung für mich, unser Adrian könnte irgendwie abrutschen.

ER: Hm, hm. Heutzutage wird das Zeug bald an jeder Straßenecke verkauft. In den Schulhöfen, in den Diskotheken, überall! Dergleichen wäre bei uns undenkbar gewesen. Was waren wir noch naiv und unbedarft als Kinder! Aber unsere Politiker greifen eben nicht hart genug durch. Sie erwägen sogar die Freigabe der Drogen, um die ganze Scheiße vom Hals zu haben. So eine verrückte Welt!

SIE: Würdest du vielleicht mit mir zur Drogenberatungsstelle gehen? Ich könnte telefonisch einen Termin für uns vereinbaren. Dort sagen sie den Eltern, was zu beachten ist, was man tun soll. Sie haben Adressen von ausgezeichneten Therapeuten ...

ER: Wenn es dich beruhigt, Liebling, kannst du unserem Söhnchen ohne weiteres ein paar Plauderstunden bei den Seelenklempnern bezahlen. Diese ins Kraut geschossene Zunft will schließlich auch von etwas leben. Na, dann werde ich mich jetzt wieder meiner Arbeit zuwenden, damit das Geld für Adrians Extravaganzen nicht zu knapp wird!

SIE: Sag', könntest du nicht wenigstens am Abend mit ihm ernsthaft sprechen? Auf dich hält Adrian große Stücke, und in seinem Alter braucht er einen Mann als Vorbild.

Ich bin ihm zu weich, er strebt halt von Mutters Schürze weg. Du hast die besseren Trümpfe in der Hand!

ER: Na, wenn er »Heilige« als Lehrer hat und außerdem eine Schar von Therapeuten auf ihn angesetzt wird, brauche ich nicht auch noch mitzumischen. Meine Ansichten sind sowieso von vorgestern und für die modernen Jungs total »verzopft«. Also mach's gut und tschüss!

Dies ist Aneinander-vorbei-Reden zur Potenz! Bei Leuten wie Adrians Vater mangelt es nicht bloß an Einfühlungsvermögen. Sie wollen sich auf den »Sinnanruf einer Situation« (*Frankl*) nicht festnageln lassen, als könnten sie sich aus dem geschichteschreibenden Verwobensein ins Weltgeschehen einfach herauskatapultieren. Unter ihrem indifferent-freundlichen Deckmäntelchen (»In Ordnung, Liebling ...«) verbirgt sich in der Mehrzahl der Fälle eine verantwortungsscheue Persönlichkeit, die nach dem Motto »Hinter mir die Sintflut!« lebt.

5) Das Double-bind-Reden

Wir sind bereits in die Nähe des Double-bind-Redens gerückt. Der psychologische Fachbegriff »double-bind« bedeutet in Übersetzung: *Verwirrung und Orientierungslosigkeit hervorrufende Doppelbindung an widersprüchliche Informationen.* Beim obigen Gesprächsfragment erhält die Ehefrau (Adrians Mutter) widersprüchliche Informationen durch ihren Mann. Einerseits beteuert er: »Wenn dir leichter ist, wenn es dich beruhigt, bin ich mit allem einverstanden« und andererseits unternimmt er rein gar nichts zu ihrer Erleichterung und Beruhigung. Ist sie emotional an ihren

Mann »gebunden«, was nur natürlich wäre, ist sie »doppeltgebunden«, nämlich an einen, der ihre Wünsche bereitwilligst berücksichtigt und einen, der sie brutal im Stich lässt. Eine Verwirrung stiftende Angelegenheit!

HUMOR:

Der Arzt mahnt: »Liebe Frau, Sie dürfen ihrem Mann keinen starken Kaffee geben. Davon wird er zu aufgeregt.« »Ja, Herr Doktor«, antwortet sie. »Aber wenn ich ihm dünnen Kaffee gebe, regt er sich noch mehr auf!«

Es gibt Menschen, denen kann man anbieten, was man will – es passt nie. Sie beschweren sich, dass man sie selten um ihre Meinung frägt. Frägt man sie, meutern sie, weil man sie mit jedem »Schmarrn« belästigt. Sie wollen zu feierlichen Anlässen ins Theater ausgeführt werden. Überrascht man sie mit Theaterkarten, schützen sie Kopfweh oder Bauchweh vor, um daheim zu bleiben. Sie schwärmen für den sonnigen Süden. Bucht man eine 14-tägige Reise nach Griechenland, orakeln sie, dass sie an Hitzschlag sterben werden. Sie sind Chamäleons, die statt der Hautfarbe ihre Aussagen austauschen können nach Lust und Laune und ihr stilles Vergnügen daran finden, andere zu narren. Das »Haar in der Suppe« ist ihr Lieblingsgericht, die Konsterniertheit der Mitwelt ihre Delikatesse. Ihre Partner werden im Wechselbad der Hassliebe weich gekocht und am Haken der Dauerüberforderung aufgehängt. Ein harmonisches Familienleben hat fast keine Chance.

Psychoanalytische Experten haben einst sogar die Theorie vertreten, dass die Krankheit »Schizophrenie« auf ein Double-bind-Erziehungsmilieu in der frühen Kindheit zurückgehe, innerhalb dessen die Heranwachsenden ständig mit widersprüchlichen Informationen konfrontiert worden seien. Das spätere Krankheitssymptom »Desorientierung« wurzele darin. Mittlerweile weiß man, dass die Schizophrenie eine Erbkrankheit ist, die Eltern nicht angelastet werden kann. Die Theorie ist widerlegt, aber ihre Genesis enthält immer noch ein Körnchen Logik: Es ist fast unmöglich, seelisch gesund und fit mit jemandem zusammenzuleben bzw. -zuarbeiten, der seinen eigenen Standorten nicht treu ist, von einem zum anderen pendelt und eigentlich im Nirgendwo dazwischen hockt. Längerfristig ist es nicht einmal für ihn selbst möglich.

Wir Menschen sehnen uns seit Urgedenken nach einer *heilen Welt*. Zugegeben, wir haben keine. Aber es wäre uns schon außerordentlich geholfen mit einer *klaren Welt*. Und einen Abglanz der Klarheit können wir uns schaffen mit unseren Worten. Darum werde ich nicht müde zu behaupten: Wo sich das Meinen, Sagen und Handeln einer Person zu einem konsonanten Dreiklang fügt, dort öffnet sich das Paradies einen Spalt breit auf Erden.

> Geradlinige Menschen
> sind wie Sonnenstrahlen
> – unverbogen!

Lachen als stärkende Vitaminspritze

Gestrenge Leser mögen die Nase gerümpft haben, als ich Humoriges einblendete, um Problematisches zu erläutern. Sie haben Recht, über Kommunikationsfehler kann man ebenso in tieftraurigem Ernst schreiben. Ich bezweifle jedoch, dass man *Austarierungen* von Kommunikationsfehlern beschreiben kann, ohne auf die Heilkraft des Lachens zu verweisen. Das ungekünstelte, herzliche, sarkasmus- und spottfreie Lachen ist ein »Spitzentherapeutikum«, eine Vitaminspritze sondergleichen für angeknackste Gemüter und kränkelnde Seelen. Wir kämen glatt mit der Hälfte der derzeit praktizierenden Psychotherapeuten aus, würde in unserer Gesellschaft mehr gelacht werden.

In den Vorkapiteln habe ich mich bemüht, gängige Kommunikationsfehler aufzudecken. Jeder möge seine individuellen Schwächen in den verschiedenen Spiegelfacetten wiedererkannt haben und seine eigene »Redensart« entsprechend feinkorrigieren. In diesem Kapitel will ich nun diejenigen stärken, deren Partner und Partnerinnen die genannten Fehler machen und *nicht* korrigieren. Diejenigen müssen allerhand aushalten und abfedern, um nicht ihr inneres Gleichgewicht zu verlieren. Dabei können sie böse werden, verhärmt, vergrämt, alt und grau. Sie sind aber nicht verpflichtet dazu. Sie können genauso gut sanguinisch jung bleiben, hin und wieder ein Liedchen trällern und sich ihres Lebens erfreuen. Wenn – sie das Lachen nicht verlernen, sondern im Gegenteil sich darin zu ihrem Schutze einüben.

Ein uriges Beispiel, wie man eine scheußliche Gesprächssituation mit Humor entkrampfen kann, stammt von dem ehemaligen Innsbrucker Bischof *Reinhold Stecher*[11], der wegen seiner spritzig-weisen Predigten berühmt geworden ist:

SCHILDERUNG VON REINHOLD STECHER:

Der Pendler-Postbus zuckelt in der Früh das Tal hinaus und füllt sich allmählich mit den Leuten, die von den Höfen und Dörfern zu ihren Arbeitsplätzen draußen in den großen Orten fahren. Gleich hinter dem Chauffeur sitzt ein stiller, kleiner Kapuzinerpater, der gerade im hintersten Kirchdorf zur Aushilfe war und nun dem Heimatkloster zustrebt. Er nützt die Zeit und liest in seinem Brevier, so gut das eben bei einem schaukelnden Postbus geht.

Aber bei einer Haltestelle kommt lautstarker Zuwachs für die Passagiere. Der neue Mitfahrer hat wohl ein wenig in den Bars des Fremdenverkehrsortes aufgetankt. Und ein bisschen ordinär ist er sowieso, große Hemmschwellen muss er nicht überwinden. Er füllt den Bus mit lauter Selbstgefälligkeit und starken Sprüchen und weiß sich ganz als Mittelpunkt. Da sieht er den Kapuzinerpater. Jetzt hat er sein Opfer.

»Du, Pater«, beginnt er in provokantem Ton, »ich muss dir was sagen: ich bin auf die Weiber wie ein Stier!«

Der Priester sagt nichts und beugt sich tiefer über sein Brevier. Das wirkt auf den Potenzprotz anfeuernd. Jetzt wird er dem Psalmenmurmler was vorlegen, dass der vor Verlegenheit weder ein noch aus weiß:

»Aber weißt du, Pater, Kinder krieg ich keine!«

Im Bus ist es einen Augenblick still.

Da hebt der kleine Kapuziner das Gesicht vom Brevier und sagt ganz laut:

»Dann bist a Ochs!«

Spricht's und beugt sich wieder über die Gesänge Davids ...

Durch den Pendlerbus aber fegt ein Lachsturm, wogt zurück, dass die Scheiben klirren. Auch der Chauffeur kann die Fahrsicherheit nicht mehr garantieren, fährt rechts heran, hält, kreuzt die Arme übers Lenkrad und lacht mit.

Der Mann mit den großen Worten steigt bei der nächsten Haltestelle verdächtig schnell aus. Das Lachen plätschert ihm nach.«

∽∾

Gewiss, schlagfertig müsste man sein! Das allein ist es jedoch nicht. Essenzielleres ist notwendig, um dem Vorbild des Kapuzinerpaters zu folgen. *Man muss sich seiner unantastbaren Würde bewusst sein!* Einer Würde, an der jegliche Provokation abprallt ohne den geringsten Kratzer zu hinterlassen. Wer *davon* überzeugt ist, bezieht hässliche Worte nicht auf sich persönlich. Er belässt sie bei dem, der sie ausspricht. Dann und nur dann kann Unvermutetes geschehen: Die Züge des Provokateurs verwischen sich, verschmelzen mit den Zügen eines dummen, armen, kindischen Außenseiters, der irgendwann aus der bürgerlichen Brüderlichkeit und Schwesterlichkeit herausgepurzelt ist und nicht mehr in sie Eingang gefunden hat. Das spontane »... bist a Ochs«, bringt zu Stande, wer zuvor gedacht hat: »... bist ein armer, dummer Kerl, kannst mir Leid tun!« Erlösendes Lachen entsteigt letztgründiger Güte.

Reinhold Stecher drückte dasselbe theologisch aus:

KOMMENTAR VON REINHOLD STECHER:

Was wäre gewesen, wenn sich der also rüde angepöbelte Kapuzinerpater mit zorngerötetem Gesicht zu flammendem Protest erhoben hätte wider derartige öffentliche Schamlosigkeit und Insultierung seiner Person – mit Androhung weiterer Schritte wegen provozierender Belästigung in einem öffentlichen Verkehrsmittel usw., usw.? Was wäre passiert?

Der kleine Teufel, der hinten auf dem Auspuff des Pendlerbusses saß, hätte nur gekichert.

So aber ist ihm das Kichern vergangen. Und er ist bei der nächsten Haltestelle schleunigst abgesprungen – wie der Ochs.

Fazit: Diejenigen, die Kommunikationsfehler anderer abfedern müssen, haben *eine* beste Chance, ihre Nervenkraft zu schonen und aller Strapaze leib-seelisch gewachsen zu sein. Sie müssen die Sätze aus dem Munde ihres Kommunikationspartners/gegners »umdrehen« und humorvoll-entwaffnend zurücksenden. Je verächtlicher die Sätze sind, desto mehr ächten sie deren Urheber, nicht deren Empfänger. Rede fällt stets bumerangähnlich auf den Redner zurück. Wer dies begriffen hat, kann souverän reagieren, gelassen schweigen oder schelmisch lachen, je nachdem, was gerade »das Teufelchen vertreibt«, denn es gibt einen Winkel in ihm, der voller Mitleid ist.

»Den Wert von Diamanten und Menschen kann man erst ermitteln, wenn man sie aus der Fassung bringt«, lautet ein jüdisches Sprichwort aus Antwerpen. Ja, und nochmals ja! Kommunikationsfehler der anderen sind unsere schwierigsten Lebenseignungstests, die es mit bravouröser Heiterkeit zu bestehen gilt!

Apropos Umdrehung von Sätzen und Heiterkeit – in einer ebenfalls köstlichen Anekdote von *Reinhold Stecher*[12] kommt ein Erstklässler vor, der zunächst schüchtern und stumm war. Doch dann ...

ANEKDOTE VON REINHOLD STECHER:

Das Seppele hat sich im weiteren Verlauf des Jahres in der Schule prächtig entwickelt. Die Sprachhemmungen verflogen völlig. Und am Ende des Schuljahres wurde er vom Lehrer dazu ausersehen, mir ein kleines Gedicht aufzusagen. Es hieß:
>»Wir danken dir für Müh' und Plage
und wünschen frohe Ferientage ...«
Als die letzte Schulstunde gekommen war, baute sich das Seppele vor mir auf und krähte mit Hingabe:
>»Wir wünschen dir viel Müh' und Plage
und danken für die Ferientage!«
Sprach's und überreichte mir strahlend einen großen Alpenrosenstrauß ...

Na, wenn das keine Vitaminspritze für den Lehrer war! Bestimmt hat er lachend alle Mühe und Plage mit seiner Kinderschar vergessen, inklusive der ihm irrtümlich gewünschten Mühen und Plagen. Darum mein Rat: »Werdet wie die Kinder, wenn andere euch beschwichtigen, klug daherreden, an euch vorbeireden oder das Gesprächsthema absichtlich/unabsichtlich verfehlen. Dreht um, was nicht zu euch passt, und schickt es postwendend zurück – mit dem Schalk eines Kapuzinerpaters in den Augenwinkeln und der Unschuld eines Seppele im Herzen!«

> Humoristen kann man
> nicht provozieren
> und nicht demütigen.

Vom Missverständnis zur Feindschaft

SZENE AM SEEUFER:

Es ist ein warmer Sommertag. Eine Mutter sitzt lesend in einem Strandkorb, ihr kleines Mädchen spielt am Seeufer im Sand. Vom Wasser herauf watschelt ein Schwan. Zufällig nähert sich der Vogel dem Kind. Das Mädchen bekommt Angst und will den Schwan verjagen. Es fuchtelt mit seinen dünnen Ärmchen vor dem Schnabel des Tieres herum, um ihm zu vermitteln: »Geh' bitte weg, damit meine Angst geringer wird!«

Vom Bitten weiß der Schwan nichts, aber Angst kennt auch er. Insbesondere dann, wenn sich etwas bedrohlich heftig vor seinem empfindsamen Hals bewegt. Da läuten die archaischen Alarmglocken in seinem Schwanenhirn und rufen ihn zur Verteidigung auf. Der Schwan »wertet« also die Angstgebärde seines unbekannten Gegenübers als Aggression und schnappt nach den Ärmchen des Mädchens.

Mit rötlicher Schramme läuft das Kind schreiend zu seiner Mutter: »Der böse Vogel hat mich gebissen!« Es sucht Schutz, Trost und ein Weiteres: die Enträtselung der Sachlage. Denn für das Mädchen war das Zuschnappen des Schwans eine unerwartete, unverständliche Reaktion auf seine Bitte, wegzugehen. Es versteht sozusagen das Missverständnis des Schwans nicht.

Damit reißt die Kette der Missverständnisse noch lange nicht ab. Aus der Beschaulichkeit des Lesens aufgeschreckt, überbewertet jetzt die Mutter die Gefahr für ihr Kind. Das Geschrei und die vorzeigbare Schramme bringen *ihre* Alarmglocken zum Schwingen. Die Frage nach einer Enträtselung des Gewesenen überfordert sie, zumal bereits ein Erklärungsmodell seitens des Töchterleins vorliegt: Der Schwan ist »böse«. Das erklärt in Simplizität alles.

Die Mutter ist außerdem verärgert über die Störung an diesem schönen Sommertag. Seufzend cremt sie den lädierten Arm des Mädchens ein, verstaut ihr Buch in der Tasche und marschiert geradewegs zum Bademeister, um sich zu beschweren. Ein Schwan, der »aus heiterem Himmel« spielende Kinder attackiert, ist auf einem öffentlichen Badeplatz unerhört. Er muss sofort entfernt, am besten eingesperrt werden. Anderenfalls wird sie sich mit der Lokalpresse in Verbindung setzen ...

Der Bademeister liebt seine Schwäne. Er hat ihre Aufzucht und ihr Erblühen in majestätischer Anmut mitverfolgt, seit sie aus den Eiern gekrochen sind. Beim Vernehmen der Worte »entfernt« und »eingesperrt« beginnen *seine* Alarmglocken zu dröhnen. Was faselt diese Verrückte? Seine friedlichen Schwäne würden Kinder anfallen? Er stellt sich in Positur. »Für die Schwäne lege ich meine Hand ins Feuer«, schnauzt er zurück. »Wahrscheinlich hat Ihre Kleine den Vogel gequält, hat mit Steinen nach ihm geworfen etc. Das tun die Jungchen aus lauter Langeweile, was sie natürlich nie zugeben ...« Er wischt die Entrüstung der nach Luft schnappenden Mutter vom Tisch und stapft von dannen.

Was ist das Ende der Geschichte? Das Mädchen und der Schwan sind miteinander verfeindet. Die Mutter und der Bademeister sind miteinander verfeindet. Ihre bio-psychischen Alarmglocken sind längst verstummt, aber die Feindschaft dauert an, zumindest bei den drei Menschen. Kommt es sehr schlimm, generalisieren die drei, das heißt, sie verallgemeinern ihr »Trauma«: Die Mutter hasst künftig Bademeister, der Bademeister hasst Kinder, das Kind hasst Vögel ...

Der Schwan mag – davon unbeeindruckt – noch heute seine Kreise auf dem Badesee ziehen. Das Entwirren von Missverständnissen ist ihm nicht auferlegt.

Feindschaft hat ein ziemlich starres Entstehungsmuster. Der Rohstoff, aus dem sie gewebt wird, ist die Angst. Sie kann berechtigt oder unberechtigt sein, entscheidend ist nicht ihr Realitätsbezug, sondern ihr subjektives Ausmaß. Je höher der Angstpegel in der Seele eines Menschen, desto mehr verirrt sich dieser im Feindesland. Plötzlich wollen ihm seine Mitmenschen nur noch schaden. Sie beleidigen ihn, benützen ihn, übervorteilen ihn, betrügen ihn, kritisieren ihn und laben sich an seiner Bedrängnis. Das Splitterchen Wahrheit lässt sich aus dem Kochtopf des Angstgebräus nicht mehr herausfiltern. Dafür wandern die Zutaten »Abwehr«, »Aggression«, »Selbstverteidigung« und »Revanche« in den Topf. Es brodelt und sprudelt, und einmal kocht der Topf über und verschmutzt die Platte, auf der die ganze menschliche Existenz aufruht, mit stinkigem, schwarz gebranntem Hass.

Grob geschätzt sind es in über 90 % aller Feindschaften blanke Missverständnisse, die die Kontrahenten trennen. Ich denke, keine 10 % der »bösen Feinde« wollten tatsächlich jemals jemandem schaden, ihn beleidigen und dergleichen. Sie wollten sich selbst und ihre Werte schützen. Sie wollten unbehelligt weiterleben. Sie wollten ihre Angst loswerden. Da haben sie zugeschlagen ...

Halten wir einen Augenblick inne und machen wir uns klar, dass wir an dieser Stelle dem *Familienglück* auf der heißesten Spur sind. Familienglück gibt es nur im gegenseitigen Verstehen, Annehmen und Lieben. Wo immer das Verstehen zum Missverstehen wird, schwindet das Annehmen, und die Liebe kippt um in Hass. Das Familienglück ist dahin. Der tägliche Streit zerschneidet die Bande zwischen Vater und Mutter, Eltern und Kindern. Dabei ist aufflammender Hass keineswegs das Gegenteil einstiger Liebe, sondern eine pervertierte und besonders zerstörerische Form noch vorhandener Liebe, die jede Moral und Ethik zersägt. Bis das gegenseitige Missverstehen endlich zum Gegenteil der Liebe, nämlich der Gleichgültigkeit, ausgereift ist, rieseln noch viele schmerzliche Späne auf die Beteiligten und Unbeteiligten (Kinder!) hernieder.

Daraus leitet sich die enorme Wichtigkeit ab, *Missverstehen in statu nascendi zu verhüten*. Hätte die Mutter aus der obigen Szene ihrem schreienden Töchterlein beim Arm-Eincremen gesagt: »Ach weißt du, der Schwan ist nicht böse. Er kann bloß nicht genau sehen, dass du kein Messer in der Hand hast. Er kann nicht riechen, dass du ihm niemals wehtun würdest. Er denkt, er muss sich wehren. Das nächste Mal, wenn er dir nahe kommt, bleib' einfach im Sand sitzen und begrüße ihn. Bewundere sein glänzend weißes Federkleid und seinen biegsamen schlanken Hals. Das wird ihn freuen, und er wird dich zurückgrüßen, indem er dir mit der längsten seiner schönen Schwanzfedern zuwedelt«, ja, hätte sie das Kinderrätsel ungefähr so gelöst, wäre die Kette der Missverständnisse schon nach ihrem ersten Glied (Missverständnis des Schwans) abgerissen und hätte keinerlei Feindschaft am Seeufer mehr kreieren können.

Merken wir uns: Um Missverständnisse zu verhüten, braucht es den Verzicht auf eine einzige Untugend, nämlich die, *anderen Leuten (Tieren, der Gottheit ...) negative Intentionen zu unterstellen*! Weil diese Untugend aber ein Abkömmling unserer Ängste ist und von unseren – leider nicht objektiven – inneren Alarmglocken eingeläutet wird, bringen wir sie schwer unter Kontrolle. Je stärker unsere Ängste, desto stärker unser diesbezüglicher Hang, wie ich bereits angedeutet habe. Der Schwan (als Tier freilich jenseits aller Verpflichtung) unterstellt dem Mädchen, ihn verletzen zu wollen. Das Mädchen unterstellt ihm, ein »böser« zu sein. Die Mutter unterstellt dem Bademeister, gefährliche Tiere frei herumlaufen zu lassen. Der Bademeister unterstellt dem Mädchen, den Schwan aus Langeweile gequält zu haben.

Was versteht einer vom anderen? Wenig, oder? Analog wogt es in den Familien: Der Vater unterstellt der Mutter ..., die Mutter unterstellt der Tochter ..., die Tochter unterstellt dem Vater ..., die Ketten der Missverständnisse kreuzen sich, verheddern sich, und am Ende gibt's nur Bösewichte, besser: *als Bösewichte deklarierte Personen*.

Wie aber reagieren *als Bösewichte deklarierte Personen*? Na, sie fühlen sich unverstanden und ungerecht angegriffen. Sie werden zu Recht böse! Sie tappen in die Selbstverteidigungsfalle und schieben die Schuld um acht Ecken herum von sich ab. Die Falle ist perfekt. Je verbissener sie mittels Gegenbeschuldigungen an ihrer Selbstverteidigung basteln, desto nuancierter ähneln sie dem Bösewichte-Image, von dem sie sich doch freistrampeln wollen. Es poltert der Vater: »Soll ich vielleicht abends nach der Arbeit noch die Wohnung aufräumen?« Es zetert die Mutter: »Bin ich etwa das Aschenbrödel vom Dienst?« Es mault die Tochter: »Wie es in meinem Zimmer ausschaut, geht euch einen Dreck an!« Angegriffen verteidigen sie sich, und sich verteidigend greifen sie – einander an. Was einer vom anderen versteht? Wenig, wenig ...

Da ich aus der Fauna bereits Stier, Ochs und Schwan ausgeliehen habe, um Urmenschliches transparent zu machen, seien noch zwei gefiederte Gesellen zitiert: die Lerche und der Rabe aus einem Gedicht von *Abraham Emanuel Fröhlich*[13] (1796–1865):

ZEICHENDEUTER

Zu der Lerch ein Rabe schreit:
»Es ist nichts denn Eitelkeit,
Dass du singst in Lüften oben;
Denn du willst, dass weit und breit
Man dich hören soll und loben.«

Und die Lerche sagt ihm: »Höre,
Eben dass kein Lob mich störe,
Wann ich will den Schöpfer loben,
Hab ich mich so hoch erhoben.
Und ich dacht nicht: wie man's deute,
Oh ihr dummen klugen Leute!«

Der Rabe symbolisiert die Untugend des *Unterstellens negativer Intentionen*. Er startet die Transformation vom Missverständnis zur Feindschaft, indem er die Lerche in Selbstverteidigungsnot bringt. Und siehe da: Sie, die »Himmelserhabene«, senkt sich erdenwärts und beginnt anstatt zu singen zu schelten (»ihr dummen –«) und zu generalisieren (» – klugen Leute«). Wie schade. Hätte der Rabe seinen Schnabel gehalten! Hätte die Lerche ihre Höhe gehalten!

Beten wir, dass wir in gewissen kritischen Situationen unseren Mund und unser Niveau halten können!

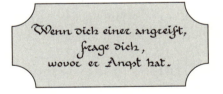

Wenn dich einer angreift,
frage dich,
wovor er Angst hat.

»Circulus vitiosus« in der Ehe

FALLBEISPIEL:

Ein Ehepaar in mittleren Jahren bat um psychotherapeutische Beratung, weil das harmonische Eheleben seit längerem empfindlich gestört war. Die Ehefrau litt an tetanischen Anfällen, deren Häufigkeit in letzter Zeit erheblich zugenommen hatte. Vor allem, wenn sich der Ehemann ihr nachts nähern wollte, bekam sie regelmäßig einen Krampfanfall, was ihm nicht nur jede Zärtlichkeit verleidete, sondern auch den Verdacht in ihm aufkommen ließ, sie würde ihre Krankheit absichtlich vorschieben, um ihn abzuweisen. (Der »Rabe« schrie ...) Die Frau bestritt dies heftig. (Die »Lerche« antwortete ...) Weil ihr Mann jedoch skeptisch blieb, kam es vermehrt zu Zwistigkeiten zwischen den beiden. Verschärfend trat hinzu, dass sich auch die behandelnden Ärzte der Ehefrau über die Ätiologie des Anfallsgeschehens nicht einig waren und das Wort »psychosomatisch« bereits mehrmals gefallen war.

Nachdem ich die Arztbefunde gelesen hatte, klärte ich als Erstes das Ehepaar darüber auf, was »psychosomatisch« bedeutet. Laien verwechseln häufig den Begriff »psychosomatisch« mit dem Begriff »psychogen«, das heißt, sie setzen psychosomatische Erkrankungen mit seelisch verursachten Erkrankungen gleich. Psychosomatische Erkrankungen haben aber stets eine *somatische (= körperliche) Ursache*, und das einzig Seelische an ihnen ist die Tatsache, dass sie *seelisch ausgelöst* werden können. Gerade bei der Tetanie lässt sich dies leicht verständlich machen. Calcium- oder Magnesiummangel im Organismus, oft in Verbindung mit einer Unterfunktion der Nebenschilddrüse, ist im Wesentlichen die somatische Ursache tetanischer Anfälle. Der Mangel verschiebt, vereinfacht ausgedrückt, das Stoffwechselgleichgewicht nach der alkalischen Seite.

Dieses Gleichgewicht ist allerdings auch durch etwas anderes störbar: durch eine so genannte Hyperventilation, ein verkrampftes, stoßweises Atmen, bei dem es zu einer CO_2-Abhauchung kommt, die fast denselben alkalisierenden Effekt hat bezüglich des Gleichgewichts der Spurenelemente und Ionen im Blut. Wann aber kommt es zur Hyperventilation? Bei seelischer Aufregung. Und wann regt sich jemand seelisch auf? Wenn er meint, dass ihn etwas Negatives erwartet.

Somit genügte es, dass ein einziges Mal zufällig eines Nachts aufgrund des allgemeinen Calcium- oder Magnesiummangels bei der Frau ein tetanischer Anfall aufgetreten war, während sie und ihr Mann miteinander intim waren, um von da ab bei der leisesten Annäherung seinerseits die Angst vor einem neuerlichen Anfall bei ihr auszulösen. Eine Angst, die zur Hyperventilation führt und über diese Hyperventilation einen Anfall produziert, der allein aufgrund ihres niedrigen Calzium- oder Magnesiumspiegels noch gar nicht aufgetreten wäre. Die »circulus vitiosus«-Spirale dreht sich: Der Ehemann begehrt seine Frau, sie spürt sein Begehren und fürchtet sich vor einem Anfall, die Furcht vor dem Anfall bewirkt prompt einen Anfall, der Anfall bestätigt die vorhergehende Furcht der Frau als eine anscheinend wohl begründete, was ihre Furcht in der nächstähnlichen Nacht sofort wieder hochpeitscht. Gleichzeitig bestätigt sich andauernd der Verdacht des Ehemannes, dass seine Frau ihre Anfälle just dann »erzeugt«, wenn er sie begehrt, was ihn an ihrer Zuneigung zu ihm zweifeln lässt.

Nachdem ich das Ehepaar über diese Kreuz- und Querverbindungen von Psyche und Physis informiert hatte, verlagerten wir unsere Arbeit auf die Ebene des menschlichen

Geistes, in der Ängsten und Zweifeln heroisch getrotzt werden kann. Eingedenk der von *Frankl* erforschten paradoxen Phänomene und ihrer Verwendung für therapeutische Zwecke empfahl ich dem Mann, bis auf weiteres so zu tun, als begehre er seine Frau überhaupt nicht. Obwohl er nach wie vor lieb und freundlich zu ihr sein sollte (vielleicht noch ein bisschen freundlicher als zuvor, weil sein Misstrauen schließlich ungerechtfertigt gewesen war!), sollte er sich, was das Körperliche betraf, äußerst zurückhaltend geben. Ein solches Verhalten, damit konnten wir rechnen, würde auf der Stelle die negative Erwartungsangst der Frau reduzieren, die ja an das sexuelle Drängen ihres Mannes gekoppelt war.

Parallel zu dieser Instruktion empfahl ich der Frau, des Nachts an alles andere als an ihre Krankheit zu denken, indem sie sich, wenn sie wach war, geistig mit ihrem Mann beschäftigte, seine guten Eigenschaften rekapitulierte etc. und, falls er ebenfalls wach war, versuchte, ihn ein wenig zu erobern. Wir verkehrten also das Spiel (das »Seppele« lässt grüßen!): *sie* sollte sich ihm zärtlich zuwenden, und *er* sollte eher bremsen, wenn auch auf liebevolle Weise.

Die beiden fanden meine Vorschläge reichlich seltsam, doch sie probierten sie offenbar aus, denn beim nächsten gemeinsamen Gespräch taten sie etwas verlegen, und als ich nachfragte, was los sei, berichtete der Mann verschämt, dass es zu einem erfüllenden sexuellen Erlebnis gekommen sei. »Ich wollte wirklich bremsen«, murmelte er, »aber dann ...« Seine Frau ergänzte: »Es war, wie Sie sagten. Als ich mich auf meinen Mann konzentrierte und mich daran erinnerte, wie wir uns kennen gelernt haben und wie lieb ich ihn heute noch habe, da vergaß ich meine Krankheit und alles ringsum, und auf einmal lag ich in seinen Armen, völlig entspannt, ohne jeden Krampf. Ich bin froh, dass ich weiß, dass dies überhaupt noch möglich ist.«

Die tetanischen Anfälle der Frau gingen auf ein Minimalmaß zurück; nur ein letzter Rest verblieb jenseits ärztlichen oder psychotherapeutischen Zugriffs. Dennoch erholte sich die Ehe der beiden vollkommen und intensivierte sich sogar, wie sie bei späteren Nachsorgekontakten übereinstimmend beteuerten.

∞∞

FALLBEISPIEL:

Auch ein anderes Ehepaar hatte sich in der Endlosspirale eines »circulus vitiosus« gefangen, und zwar zwischen Abweisung und Aggressivität. Ein bestimmtes abweisendes Verhalten des einen rief ein umso aggressiveres Verhalten des anderen hervor, und ein aggressives Verhalten des anderen ein umso abweisenderes Verhalten des einen.

Um den beiden aufzuzeigen, zwischen welchen Fehlpositionen ihre Beziehung eingeklemmt war, erzählte ich ihnen von zwei Zwergen, die einander gerne begegnen wollten, zwischen denen sich aber ein großes Tor befand. Der eine Zwerg verschloss das Tor jedes Mal ängstlich, sobald er den anderen Zwerg mit einem wuchtigen Rammbock unter dem Arm dahereilen sah. Der andere Zwerg besorgte sich von Mal zu Mal einen voluminöseren Rammbock, sobald er das Tor vor sich zugehen sah.

Ich stellte den Eheleuten die Aufgabe, die Frage zu beantworten, wie eine Begegnung der beiden Zwerge trotzdem gelingen konnte. Nachdenklich schwiegen sie. Nach einer Weile sagte die Frau mit zittrigen Lippen: »Der eine Zwerg muss das Tor offen lassen und dem anderen, der sich mit dem Rammbock nähert, *vertrauen*.« Da nahm der Mann ihre Hand in die seine und fügte hinzu: »Und der andere Zwerg sollte den Rammbock weglegen und höflich ans Tor klopfen in der *Hoffnung*, dass ihm aufgetan wird.« Plötzlich sahen sich beide an und lachten lauthals, denn jeder von ihnen wusste sehr wohl, wer der notorische Torschließer und wer der Rammbockstürmer war. Jeder hatte verstanden, was sein zu leistender Beitrag zur Verbesserung der partnerschaftlichen Beziehung war, und dass ohne Vertrauen und ohne Hoffnung nichts glücken kann.

Man darf mir glauben, dass ich von einem Rammbock und einem Tor weder vorher noch nachher jemals bei einer therapeutischen Sitzung gesprochen habe; einzig *dieses eine Mal* ist mir das Gleichnis als ein hilfreiches Instrument in den Sinn gekommen, und so hat es bei diesem einen Ehepaar auch seinen Sinn gehabt. Dass es mir jedoch einfiel, war weniger ein Verdienst meiner Fantasie, als vielmehr eine fantasievolle Improvisation auf dem Boden des *Frankl*schen Menschenbildes, demzufolge der Mensch sich von seinen Schwächen zu distanzieren vermag, und der Humor als Krönung jener Selbstdistanzierungsfähigkeit die festgezurrtesten Endlosspiralen noch sprengt.

> Zurückhaltung ist mitunter
> fortschrittsergiebiger
> als Vorpreschen.

Ein Schlüssel zum Wieder-gut-Werden

Wir sind der Frage nachgegangen, wie Feindschaften zu vermeiden sind, haben uns aber bereits auf die Anschlussfrage zubewegt, wie Feindschaften zu reparieren sind. Blickt man en gros auf die Menschheitsgeschichte zurück, hat es den Anschein, dass dies überhaupt nicht möglich ist. Freundschaften können ein Leben lang dauern, Feindschaften haben – zehn Leben. Sie sterben einfach nicht, nicht über Generationen hinweg. Viele Leute bemühen sich, sie per Ignoranz unter die Beachtungslinie zu drücken. Das Nachtragen ist schließlich ein schwerer Trageakt: Wahre Bleigewichte behängen die Nachtragenden. Dennoch flackern die alten Feindschaften bei den erstbesten oder erstschlechtesten Gelegenheiten wieder auf; schon »Anhauche« von Gelegenheiten genügen ihnen, um sich erneut über die Beachtungslinien ins Bewusstsein der Menschen einzuschleichen.

Warum ist Feindschaft so zäh? Nun, sie hat einen gewaltigen (und gewalttätigen) Verbündeten: den Hass; und *der Hass macht das Gehasste allgegenwärtig.* Wer hasst, kommt vom Gegenstand seines Hasses nicht mehr los. Er fängt sich im gebetsmühlenähnlichen Herunterleiern seiner Vorwürfe gegen das Gehasste. Mehr noch, er leidet an Phantomschmerzen. Überall stößt er auf unliebsame Spuren der Gegenseite, ständig lauert er auf Geschosse aus dem Hinterhalt der Gegenseite, unentwegt ist er mit dem Aufbau eines Bollwerkes befasst, hinter dem er sich im Notfall verschanzen könnte. Er befindet sich mit seinen Kognitionen und Emotionen, von den Zehen bis zu den Haaren, auf der Gegenseite, mitten im fantasierten Notfall, statt in der eigenen, ihm zugeordneten Welt. Hass ist ein Zustand von paradoxer »Antidistanz« und dadurch ein für den menschlichen

Geist nahezu ausbruchsicheres Gefängnis. Kein Wunder, dass die Familienberater seit eh und je nach »Schlüsseln« gesucht haben, die Feindschaften aufzusperren und Ehekriege zu beenden vermögen – möglichst ohne Kapitulation, in deren Ritzen der Hass ja fortexistiert. Leider haben sich bisher keine »Dietriche« gefunden, die sämtliche Schlösser sperren würden. Es lässt sich jedoch ein immerhin brauchbares Schlüsselsortiment zusammenstellen, aus dem ich einen der effizientesten Spezialschlüssel herausgreifen und zur allgemeinen Betrachtung anbieten möchte.

ZUM VORIGEN FALLBEISPIEL:

Das Ehepaar aus dem vorigen Fallbeispiel hat sich dieses Spezialschlüssels zum »Wieder-gut-Werden« bedient.

Einer benimmt sich kühl-abweisend, und der andere … legt den Rammbock, mit der er die Abweisung durchlöchern zu können glaubt, aus der Hand. Einer rückt grobklotzig-polternd heran, und der andere … lässt das Tor offen, mit dem er sich vor dem Heranrückenden schützen zu können glaubt. Ein »akausaler« Schlüssel, der funktioniert. Die Alternative ist »kausaler« Horror: Wenn keiner diesen Schlüssel benützt, warten beide bis in Ewigkeit auf das Beginnen des jeweils anderen. Einer beharrt dann: »Ich höre nicht auf zu poltern, bis du weniger abweisend bist!« Der andere beharrt: »Ich höre nicht auf, dich abzuweisen, bis du weniger polterst!« Das Schloss zwischen ihnen verrostet.

Wie oft liegt das Problem darin, dass keiner den ersten Schritt vollzieht! Dass jeder versöhnungsgeneigt wäre, aber nur, wenn der andere zuvor seine Waffen niederlegte und die

Hände ausstrecke. Die Versöhnungsgeneigten warten, warten und warten. Es ist das Belohnungs-Bestrafungs-Denken, das ihre Falle schmiedet: »Bist du nett zu mir, bin ich nett zu dir. Bist du ekelhaft zu mir, bin ich ekelhaft zu dir.« Völlig einleuchtend, absolut logisch, perfekt vernünftig und im Praxisfall aussichtslos. Im Krieg kann man nicht warten, bis der Feind nett zu einem ist, um mit dem Ekelhaft-Sein aufzuhören. Die einzige skurrile Chance, die man hat, lautet: Mit dem Ekelhaft-Sein aufhören, egal, was der Feind tut. »Bist du ekelhaft zu mir, bin ich nett zu dir.« Wahnsinnig, oder? Gewiss, wahnsinnig mutig. Wahnsinnig nobel. Den »Wahn« vom Frieden im Sinn habend. In der Fachsprache nennt man das eine *finale (= zielgerichtete, hier: auf das Ziel des Friedens gerichtete) Vorleistung*. Sie kann, was sonst fast nichts kann: Feindschaft beenden.

Wie uns die Altväter der Philosophie lehrten, ist das Ganze mehr als die Summe seiner Teile. Auch die Familie ist mehr als die Summe ihrer Mitglieder. Sie ist ein »Gravitationszentrum der Liebe«, das einander angehörende Menschen in Freud und Leid anzieht, ihnen Geborgenheit und Zuflucht vermittelt, sie fördert und stützt, nährt und behütet, begleitet von der Geburt bis zum Tod. Um ein solches Zentrum zu erhalten, lohnt es sich, einiges zu investieren. Um aber Menschen zu motivieren, einiges zu investieren, muss ihnen transparent gemacht werden, was auf dem Spiele steht: das übergreifende Ganze, das hinter individuellen Wünschen und Ängsten, Bedürfnissen und Ansprüchen nicht verschwinden darf.

DETAIL AUS DER FAMILIENTHERAPIE:

Manchmal, wenn Eltern und Kinder bei mir im Beratungszimmer sitzen, weil sie nicht mehr weiter wissen, und jeder abgeladen hat, was er dem anderen ankreidet, sage ich an alle gewandt: »In Ihrer Beziehungskasse herrscht zur Zeit Ebbe. Es muss dringend etwas eingezahlt werden: ein bisschen ›guter Wille‹ von jedem, dann können wir später an die Verteilung des Inhalts gehen, doch zunächst kann nichts beansprucht werden, zunächst muss etwas verschenkt werden!« Daraufhin frage ich jedes Familienmitglied einzeln, was es gewillt sei, zum Wohle der Familie aus freien Stücken bei sich selbst im Positiven zu ändern, ohne Bedingungen noch Erwartungen an die anderen damit zu verknüpfen. Ich frage, was es gewillt sei, von sich aus (nach-)zu geben in Hinblick auf die alle Reibereien übergreifende Werthaftigkeit des gemeinsamen Ganzen. Es ist erstaunlich, was bei einem solchen Gesprächsansatz an Dokumentationen ›guten Willens‹ tatsächlich zu wecken ist, und dies nicht nur bei Eltern, die in ihren Beziehungen seit Jahren festgefahren sind, sondern auch bei den Kindern, die hinter ihren prä- bis postpubertären Macken sowieso nichts mehr ersehnen als ein harmonisches Familienklima.

Plötzlich füllt sich die Beziehungskasse. Die Tochter meldet sich freiwillig, einmal pro Woche das Badezimmer auf Glanz zu putzen. Der Sohn übernimmt die Aufgabe, bei Bedarf ohne Murren Getränke und Lebensmittel aus dem Keller zu holen. Das Nesthäkchen erklärt ernsthaft, künftig vor dem Schlafengehen die gröbsten Stolpersteine an herumliegenden Plüschtieren vom Boden wegzuräumen. Die Eltern wollen sich vor ihren Kindern nicht blamieren und zahlen ebenfalls in die Beziehungskasse ein. Der Vater windet sich, verspricht aber, jeden Mittwochabend und Sonntagnachmittag seiner Familie zu widmen. Die Sportklub-Besuche sind ab sofort mittwochs und sonntags gestrichen. Die Mutter schwankt zwischen Skepsis und aufdämmernder Hoffnung. Spontan entscheidet sie sich, wegen der »Sportnarretei« ihres Mannes nicht mehr zu schimpfen. Ich wiege die Beziehungskasse. Nicht übel, es hat sich reichlich ›guter Wille‹

darin angesammelt. »Jetzt können wir auch etwas austeilen«, verkünde ich der Familie. »Da ein Wort des Dankes, dort ein Lächeln, da eine kleine Anerkennung und dort eine Umarmung ... Wer macht den Anfang?« Alle machen den Anfang, denn sie haben gelernt, *anzufangen*. Um Feindschaften zu bereinigen, braucht es des *Anfangs*, des Auf-einander-Zugehens, akausal und voller ›gutem Willen‹.

Die *kausale Denkweise* wurde einst von der Psychoanalyse propagiert und popularisiert. Ihre Domäne war und ist es teilweise noch, unbewusste (?) Ursachen menschlicher Konflikte und misslungener Beziehungen aufzudecken. In Anlehnung an ihre Kausalmodelle halten heutzutage selbst Laien psychologische Deutungen für ihre Negativhandlungen parat. Zum Beispiel erklärte mir eine Patientin: »Mit einem meiner Kinder habe ich die größten Schwierigkeiten. Das kommt daher, weil dieses Kind kein Wunschkind war. Zur Zeit seiner Zeugung plante ich, meinen Mann zu verlassen. Wegen der Schwangerschaft bin ich dann doch bei ihm geblieben, aber die Nötigung zum Bleiben habe ich meinem Kind nie verziehen.« Ein anderes Beispiel war eine Studentin von mir, die während einer schriftlichen Prüfung ihr Schreibzeug hinwarf und aus dem Hörsaal rannte. Als sie später mit der Bitte zu mir kam, ich möge sie mündlich nachprüfen, gab sie als Entschuldigungsgrund an, meine Frisur habe sie an ihre schroffe Stiefmutter erinnert, vor der sie sich als Kind gefürchtet habe. Bei dieser Erinnerung habe sie eine Panik erfasst, weswegen sie habe davonlaufen müssen. Ähnlich »platt« muten kausale Begründungen von Jugendlichen an nach der Art: »Die Alten sind selber schuld, wenn ich vor Mitternacht nicht heimkomme – mit ihrem Gekeife vermiesen sie mir das Zuhause!« oder »Meine Eltern sind total verklemmt, mit denen kann man nicht reden, deshalb habe ich das Gespräch mit ihnen längst an den Nagel gehängt.«

Anders das *finale Denken*. Es fahndet nicht nach Ursachen für das, was *ist*, sondern nach Argumenten für das, was sein *soll*. So habe ich obiger Mutter Wachstumsschritte aufgezeigt, wie sie in die Liebe zu ihrem (an Ehekrise und Schwangerschaft unschuldigen!) Nicht-Wunschkind hineinwachsen konnte. Meiner neurotischen Studentin habe ich kundgetan, dass die wichtigste Prüfung ihres Lebens darin bestehe, zu beweisen, dass sie zwar diese oder jene Stimmung habe, nicht aber die Stimmungen *sie* haben, und dass sie sich folglich ihren momentanen Gefühlsassoziationen nicht unterwerfen dürfe. Und den streitbaren Jugendlichen ist vom finalen Standpunkt aus zu empfehlen, auf die bequeme Schuldabwälzung auf ihre Eltern zu verzichten und stattdessen am eigenen konstruktiven Beitrag zum Familienleben zu feilen. Ursachenforschung um jeden Preis ist kein unantastbares Dogma der Psychotherapie mehr. Im Gegenteil, es mehren sich die Expertenstimmen, wonach es häufig weiser ist, Vorfindlichkeiten fraglos hinzunehmen, wie sie eben sind, und das Beste daraus zu machen.

Um allerdings »Bestes« zu machen – woraus auch immer –, müssen Vorleistungen erbracht werden, und diese erfordern einen Abschied vom aggressiv-regressiven »wie du mir, so ich dir«. Oder, wie *Mahatma Ghandi* so treffend gesagt hat: »Aug' um Aug' führt bloß dazu, dass die ganze Welt erblindet.«

> *Wir dürfen nicht nur kausal, wir müssen auch final denken lernen.*

DIE LIEBE ZUEINANDER

Unglückliche Liebe gibt es nicht

Die Liebe ist nicht nur ein »seltsames Spiel«, wie es in einem alten Schlager heißt, sondern – in ihrer urtümlichsten Form – ein geistiges Band zwischen geistigen Wesen. Weil wir jedoch keine rein geistigen Wesen sind, sondern in einer vielschichtigen leiblich-seelisch-geistigen Personalunion existieren, verquickt sich unsere menschliche Liebe mit leiblichen und seelischen Vorgängen zu einem spannungsgeladenen Konglomerat.

Da gibt es die *sexuelle Liebe*, die sich mit der körperlichen Anziehungskraft des Geschlechtspartners und der eigenen Ansprechbarkeit darauf begnügt. Da gibt es die *erotische Liebe*, die über das Körperliche hinaus das Seelische des Partners mit einbezieht, seine Eigenschaften, Verhaltensweisen, Gewohnheiten und Launen, die wiederum eine gefühlsmäßige Resonanz bei einem selbst hervorrufen. Da gibt es aber auch die *eigentliche (agapenhafte) Liebe* wie *Frankl* sie beschrieben hat[14], die bis zur einzigartigen Individualität der anderen Person vordringt und sie erschaut in der Fülle ihrer unaustauschbaren Seinsgestalt. Sie ist quasi die unvergängliche Liebe, denn sexuelle Erregungen und zärtliche Hochstimmungen vergehen, aber die intensive Wahrnehmung personaler Identität erlischt nicht; nicht einmal mit dem Tod des geliebten Menschen, was jeder weiß, der jemals trauernd an einem Grabe gestanden ist.

Spannend ist, dass sich die drei skizzierten Liebesformen miteinander mischen und verweben. Zeitweise und in gewissen Lebensstadien tritt das »Haben« in den Vordergrund unserer Aufmerksamkeit – was der Partner körperlich oder seelisch an sich »hat« –, dann schaukelt die Liebe in der Flüchtigkeit des Augenblicks. Zu anderen Zeiten und in anderen Reifestadien schiebt sich das »Sein« in den Vordergrund unserer Aufmerksamkeit – wer der Partner personal »ist« –, dann breitet sich ein Hauch von Ewigkeit über unserer Beziehung aus.

Die genannten einander überschneidenden Liebesformen können nun auf Familienentwürfe übertragen werden. Der *sexuellen Liebe*, die dem Zweck der Triebstillung, Vergnügung, Fortpflanzung etc. dient, entspricht die familiäre *Zweckgemeinschaft*, die ebenfalls durch ein gemeinsames Interesse (Stillung eines beidseitigen Bedürfnisses) zusammengehalten wird. Im Allgemeinen sind es Güter- oder Titelvermehrungen, die Produktion von Nachkommen bzw. Geschäftserben, Einbürgerungen von Ausländern etc., die zum Bündnis einer Zweckgemeinschaft führen. Das gemeinsame Anliegen verbindet durchaus. Problematisch wird es, sobald der Zweck erreicht worden ist. Die Zweckerreichung macht nämlich eine Fortführung der Gemeinschaft schlagartig überflüssig, ähnlich wie der sexuelle Höhepunkt das sexuelle Begehren vorläufig auslöscht. Jedes triebhafte Bedürfnis ist gleichsam auf sich selbst zurückgebogen: mit seiner Befriedigung vernichtet es seinen eigenen Beweggrund.

Der *erotischen Liebe* entspricht die familiäre *Dienstgemeinschaft*. Sie ist zweifellos beständiger, solange sie sich in der Balance hält, denn sie beruht auf einem kalkulierbaren Einander-nützlich-Sein. Man hat sich nicht nur zusammengeschlossen, um einen bestimmten Zweck zu erfüllen, den man allein nicht erfüllen könnte, sondern man hilft sich gegenseitig, ergänzt einander und teilt aus, weil man auch empfangen will. Der eine hat etwas, das dem anderen dient, und umgekehrt. Kritisch wird die Angelegenheit erst, sobald ein Familienmitglied seinen Dienst an den anderen verweigert oder krankheitsbedingt in seiner Dienlichkeit ausfällt. Progressiv wird das Gleichgewicht von Geben und Nehmen gestört, und die Gebenden beginnen sich zu fragen, warum sie weiterhin geben sollen. Je stärker die »Kosten-Nutzen-Rechnung« in Richtung »Kosten« überhängt, desto eher sinkt ihre Bereitschaft zur Aufrechterhaltung dieser Beziehung.

So sehr unsere Konsum- und Industriegesellschaft einen derartigen utilitaristischen Standpunkt begünstigen mag, so wenig hat er mit einer echten *Liebesgemeinschaft* zu tun, die das familiäre Pendant zur *eigentlichen (agapenhaften) Liebe* im *Frankl*schen Sinne bildet. Im Gegensatz zur Zweck- und Dienstgemeinschaft will bei der Liebesgemeinschaft jeder aufrichtig das Beste für alle. Und weil er das will, wird sein besonderes Bemühen vorrangig den schwächeren Familienmitgliedern gehören. Dadurch aber teilt sich der Dienst am nicht oder nicht mehr dienlichen Familienmitglied auf, verteilt sich auf den Schultern der Übrigen, was diese entlastet, und den Bedürftigen stützt.

Dazu gesellt sich ein »mystischer« Faktor, der einiger Überlegung wert ist: *echte Liebe ist nicht außer Kraft zu setzen.* Auch nicht, wenn sie keine Gegenliebe findet! Denn wenn sie ihrer Definition nach ein Erschauen/Erahnen des Seinswesens der geliebten Person darstellt, eine dichte geistige Nähe zu ihr, die von räumlicher Nähe (vgl. Todesfall) relativ unabhängig ist, wird dieses Erschauen und Nahesein nicht dadurch gegenstandslos, dass jene geliebte Person den Liebenden ihrerseits weniger erschaut und ihm weniger nahe ist. Kann doch auch der Anblick einer in die Glut der sinkenden Sonne getauchten, kühn aufragenden Bergspitze ein tiefes Erlebnis von Faszination und Naturliebe im Herzen eines Menschen entfachen, ohne dass dieser Mensch vergleichbar von jener fernen Bergspitze »zurückbetrachtet« oder »zurückgeliebt« würde. *Frankl* behauptete sogar, dass es im Prinzip keine unglückliche Liebe gibt. Wer einem oder mehreren anderen Personen in Liebe zugetan ist, erfährt eine Beglückung, die ihm nicht mehr genommen werden kann, ob er den oder die anderen für sich »hat« oder nicht. Eine Therapie der unglücklichen Liebe müsste demzufolge darin bestehen, aufzuweisen, dass es sich entweder um keine echte (*eigentliche*) Liebe oder um kein echtes Unglücklichsein handelt, was beides über einen Gesinnungswandel zu korrigieren wäre.

ZITAT VON VIKTOR E. FRANKL:

»Das Ansichtigwerden von Werten kann einen Menschen nur bereichern. Diese innere Bereicherung macht teilweise den Sinn des Lebens aus ... Also muss auch Liebe den Liebenden auf jeden Fall bereichern. Es gibt somit keine ›unglückliche Liebe‹, kann keine geben; ›unglückliche Liebe‹ ist ein Widerspruch in sich selbst. Denn entweder liebe ich wirklich – dann muss ich mich bereichert fühlen, unabhängig davon, ob ich Gegenliebe finde oder nicht; oder aber ich liebe nicht eigentlich, ich ›meine‹ eigentlich nicht die Person eines anderen Menschen, sondern sehe an ihr vorbei nur etwas Körperliches ›an‹ ihm oder etwa einen seelischen Charakterzug, den er ›hat‹, – dann allerdings mag ich unglücklich sein, dann bin ich aber eben kein Liebender.
Freilich: bloße Verliebtheit macht irgendwie blind; echte Liebe jedoch macht sehend.«

Die Liebe macht sehend – ein wunderbarer Gedanke, der schon im biblischen Judentum gehegt worden ist, weshalb der Liebes- und der Erkenntnisakt auf Hebräisch mit ein und demselben Wort ausgedrückt werden.
Dem »Seherischen« an der Liebe ist es auch zu verdanken, dass Familienmitglieder nicht »wie Hemden« gewechselt

werden können. Beispielsweise ist es nach der Trennung von einem Partner nicht ohne seelische Vergewaltigung möglich, unmittelbar eine neue Partnerschaft herzustellen. Der Nächste hat seine eigene Individualität, er kann nicht als Ersatzmann oder Ersatzfrau fungieren. In ihm darf nicht »der Alte gesehen werden«. Nur: Das »Sehen des Alten« ist nicht weg und verschwimmt mit dem »Sehen des Neuen«. Auch für Kinder hören ihre vertrauten leiblichen Eltern nicht auf, Vater und Mutter zu sein, wenn ein Stiefelternteil beginnt, Vater oder Mutter zu werden. Es ist schwierig, präsente alte und frische neue Wertbilder von Personen nebeneinander zu »schlichten«, denen man geistig nahe ist und war. Das Sehen kann zum Schielen geraten.

Aus diesem Grund gilt es als eine Regel gesunder Psychohygiene, nach Trennungen und Verlusten von Menschen, denen man eng verbunden war, eine Konsolidierungsphase des Alleinlebens zu wagen. Die alte Liebe soll nicht verblassen, sondern ihren (unräumlichen) Platz finden. Sie muss am ewigen Band des Geistigen aus der Gegenwart »abgeseilt« und im lebensgeschichtlichen Archiv der Seele verstaut werden. Sie muss ruhen dürfen, immer noch den »seherischen« Augen zugänglich und dennoch der Aktualität entrückt. Zumindest so weit entrückt, dass sich die inneren Augäpfel in zukunftsträchtige Richtungen drehen können, die mit neuen Wertbildern besetzbar sind. Erst die durchstandene Einsamkeit erlaubt schlussendlich den Erkenntnisakt eines aufkeimenden, ganz anderen und unvergleichlichen Liebesglückes, das Altes weder schmälert noch ändert noch ständig aufwühlt, sondern »sein« lässt, bis sich dereinst neues »Sein« nebenan zur Ruhe betten wird.

Klagen mir deshalb Patienten, sie hätten übergroße Sehnsucht nach einem Partner und hielten das Alleinleben nicht aus, erkläre ich ihnen geduldig, dass exakt das Alleinleben – allerdings klaglos, in Stabilität, Selbstsicherheit und Ausgewogenheit! – die ideale Vorbereitung für eine potenzielle Zweisamkeit ist. Die pure Angst vor der Einsamkeit ist hingegen keine gute »Kupplerin«. Was sie »verkuppelt«, hat schlechte Karten.

> Bloße Verliebtheit macht blind,
> echte Liebe macht sehend.
> (Frankl)

Neuanfang nach dem Scheitern?

Der Fall einer meiner Patientinnen möge die Inhalte des letzten Kapitels illustrieren.

FALLBEISPIEL:

Die Frau mittleren Alters, die mich aufsuchte, hatte eine gescheiterte Ehe hinter sich und war geschieden. Ihren Ausführungen nach dürfte ihre 1. Ehe eine *Zweckgemeinschaft* gewesen sein, denn sie hatte sehr jung geheiratet, um sich rasch von ihrem etwas bevormundenden Elternhaus abzunabeln, und ihr Mann hatte sie geheiratet, weil er ein Delikatessengeschäft hatte eröffnen wollen und in der Startphase kostenlose Mithilfe benötigt hatte. *Ihr* Zweck war praktisch bereits mit der Hochzeit und dem Auszug von daheim erreicht worden. *Seine* Zweckabsicht hatte sich einige Jahre später erfüllt, als das Geschäft aufgeblüht war, und er sich zwei angestellte Verkäuferinnen hatte leisten können. Damit war die Zweckgemeinschaft auseinander gefallen. Zurückgeblieben war ein Sohn, der das übliche Pendeln zwischen Vater und Mutter auf sich hatte nehmen müssen und von beiden Seiten mit Gehässigkeiten gegen die andere Seite geimpft worden war. Beim Auftreten ernsthafter Verhaltensstörungen war er im Internat gelandet.

Jahre später hatte die geschiedene Frau einen Witwer kennen gelernt und war mit ihm nochmals eine Ehe eingegangen. Im Unterschied zu ihr hatte der Witwer zuvor eine ausgezeichnete Ehe geführt und gedachte immer noch voller Liebe seiner toten Frau. Auch mit seiner bereits selbstständigen Tochter aus 1. Ehe verband ihn ein inniges Verhältnis, obgleich er sie selten traf. Gerahmte Fotos der Verstorbenen und seiner Tochter hingen über seinem Bett.

Was nun geschah, war für die neu geschaffene Partnerschaft außerordentlich bedrohlich. Die Frau reagierte nach ihrer 2. Heirat mit hysterischer Eifersucht auf die positive Erinnerung, mit der ihr Mann seine 1. Weggefährtin bedachte. Nachdem sie selbst keine guten Erinnerungen an ihre zerbrochene Ehe besaß, sollte er solchen ebenfalls entsagen. Seine alten Möbel sollten aus dem Haus, die gerahmten Fotos von der Wand, die Grabpflege der Toten sollte einer Friedhofsgärtnerei übergeben werden. Kein Detail sollte an früher erinnern! Aber das nützte der Frau nichts, denn echte Liebe ist nicht außer Kraft zu setzen und auch nicht aus dem Herzen zu reißen, ob Andenken an einen geliebten Menschen vorhanden sind oder nicht.

Die Frau verstand überhaupt nicht, welch große Chance für sie gerade darin lag, dass ihr neuer Partner echter Liebe fähig war, denn nur dadurch blieb ihre 2. Ehe vor einer abermaligen Katastrophe bewahrt. Ihr Mann erkannte (»seherisch«) hinter ihren Schimpftiraden die seelische Not, in der sie sich befand, und suchte einen »Seelenberater«, der ihr helfen konnte. Auf diesem Weg gelangten beide zu mir.

Im Wissen, dass ich Psychologin bin, tischte die Patientin sofort eine psychologische Interpretation ihres Dilemmas auf. Sie habe offenbar die vielen Lieblosigkeiten und Demütigungen seitens ihres 1. Mannes jahrelang verdrängt, und jetzt kehrten diese im Kontrast zur Freundlichkeit ihres 2. Mannes allmählich in ihr Bewusstsein zurück und störten dort ihr Wohlbefinden. – Das war ein passabler Analysierungsversuch, dem lediglich entgegenstand, dass die Frau weniger »verdrängte« als vielmehr »hyperreflektierte« (*Frankl*), das heißt, nicht etwas Unangenehmes ins Unbewusste abschob, sondern etwas ihr Unangenehmes überbeachtete und überbewertete, und zwar die Beziehung ihres

2. Mannes zu seiner 1. Frau. Warum aber hyperreflektierte sie diese? Weil sie darin zum ersten Mal in ihrem Leben mit einer echten, einer *eigentlichen Liebe* konfrontiert wurde, was ihr schonungslos vor Augen führte, dass sie selbst dazu bislang nicht fähig gewesen war. Neid, Eifersucht und Scham brodelten in ihrer Brust – das war alles.

Es bedurfte mühsamer therapeutischer Kleinarbeit, bis die Patientin die erlittenen Lieblosigkeiten und Demütigungen seitens ihres 1. Mannes friedvoll verabschieden konnte. Musste sie sich doch zunächst »*selbst auf Wahrheit hin transzendieren*«, indem sie eingestand, dass auch sie an ihrem 1. Mann Unrecht begangen hatte, dass auch sie nie bis zur Liebe zu ihm vorgedrungen war. Bedenken wir: Wer gibt gerne ein Unrecht zu? Wer ist ohne Zögern bereit, »sein Gesicht zu verlieren«, seinen Stolz zu besiegen? Im Fall meiner Patientin musste es aber sein, damit sie die Broken-home-Altlast ihrer gescheiterten Beziehung auf die Schultern *zweier* unreifer Menschen gerecht verteilte und nicht einem einzigen »Verdammungssubjekt« – ihrem 1. Mann – allein auflud, von dem sie dann (im Prozess des Ihn-Verdammens) nicht mehr loskommen würde.

Nach dem Eingeständnis ihrer eigenen früheren »Liebesunzulänglichkeit« bot sich der therapeutische Anschlussschritt ganz natürlich an. Einmal in ihrem Leben wollte sie bis zur echten Liebe zu einem Menschen vordringen, und dazu hatte sie in ihrer 2. Ehe die optimale Gelegenheit. Denn da stand ein wirklich liebenswerter Kamerad an ihrer Seite, sie musste bloß genau hinschauen, genau hinhören, sein wahres Ich spüren und fühlen. Langsam löste sich ihr verkrampftes Kreisen im Selbstmitleid; der Panzer ihrer Lebensgeschichte fiel von ihr ab, und es gelang ihr zunehmend, einen Blick auf das innerste Wesen ihres Partners zu erhaschen. Ihr wurde klar, dass das Andenken an seine 1. Frau ihr absolut nichts raubte. Ruhte dieses Andenken doch längst außerhalb von Raum und Zeit in einer Dimension, in der es kein Viel oder Wenig, kein Vorher oder Nachher mehr gibt ... *Ihr* aber war hier und jetzt der Platz in seinem Herzen gewiss! Und es war, wie sich später zeigen sollte, sogar noch Platz für ihren Sohn darin, den die beiden aus dem Internat heimholten, wodurch die Familie wieder eine »richtige« Familie wurde, und noch dazu eine recht glückliche.

Leider wird das Element des *Sich-selbst-auf-Wahrheit-hin-Transzendierens* selten in einen therapeutischen Prozess eingebaut, was schade ist, weil es Feindschaft ungemein reduziert. Das Vergeben wird leichter! Wer sich selbst eingesteht, dass er gefehlt hat, wird barmherzig gestimmt gegenüber anderen, die auch gefehlt haben. Wer anderen eingesteht, dass er gefehlt hat, stimmt jene anderen barmherzig ihm selbst gegenüber. Es gibt »Kommunikationspärchen«, die einfach zusammengehören und in ihrer einseitigen Variante stets etwas »lahmen«. Solche Kommunikationspärchen sind u.a.:

Das aktive Zuhören	– Das sich Kurzfassen
Das Nicht-Klammern	– Das Treusein
Das Sich-Entschuldigen	– Das Vergeben

Jedem ist verständlich, dass es leichter ist, einer Person interessiert zuzuhören, die sich kurz fasst, als einer, die weitschweifig daherredet. Umgekehrt ist man geneigter, sich kurz zu fassen, wenn man weiß, man wird angehört. Hat man das Gefühl, der andere ist mit seiner Aufmerksamkeit abgeglitten, verstärkt man unwillkürlich die eigene Aussage in Länge und Tonfall, um ihn wieder zurückzuholen.

Ähnlich ist es mit dem zweitgenannten Pärchen. Der Verzicht auf ein Klammern am Partner ist leichter, wenn man dessen Beständigkeit trauen kann. Da umgekehrt ein Umklammertwerden Menschen eher in die Freiheit treibt, stärken Vertrauen und Nicht-Klammern auch die Treue des Partners.

Analog sind Entschuldigung und Vergebung ein komplementäres Kommunikationspaar. Ohne eine Entschuldigung des Schuldigen, ja, ohne die geringste Reue bei ihm, ist es dem Geschädigten extrem schwer zu vergeben. »Fast heilige« Menschen können es wohl, nur sind sie in der Minderheit. Umgekehrt schafft man es kaum, sich harten, nachtragenden oder gar zynischen Personen gegenüber zu entschuldigen. Wo die Hoffnung auf »Begnadigung« sinkt, schließen sich die Lippen. Und doch ist gerade dieses letztgenannte Kommunikationspärchen von höchster Bedeutung im zwischenmenschlichen Bereich. Es fordert beiden Kontrahenten Tapferkeit und innere Größe ab, dafür macht es auch beide groß und tapfer. Der Schuldige muss über die Hürde des *ehrlichen Bekennens* springen, und die ist hoch. Je weniger mildernde Umstände er dabei zu seiner Verteidigung vorbringt, desto besser und fruchtbarer ist seine Entschuldigung. Der Geschädigte muss über die Hürde des *Schlussstrich-Ziehens* springen, die nicht minder hoch ist. Je definitiver er für alle Zeiten seine Vorwürfe begraben kann, desto ehrlicher und heilsamer ist seine Vergebung. Der einhändige Mechaniker aus einem der Fallbeispiele dieses Buches und seine Frau mögen in dieser Hinsicht ein ermutigendes Vorbild abgeben. Nachdem sie »Hand in Hand« (dafür reichte bei ihm *eine* Hand!) über ihre Hürden gesprungen waren, wendete sich das Blatt ihres Familienglücks zum Guten.

> Im Scheitern
> transzendiere man sich selbst
> – auf Wahrheit hin.

Friede trotz unterschiedlicher Werte

Wir wollen bei der Idee anknüpfen, dass Liebende »Sehende« sind. Was sehen sie am geliebten Wesen? Wir sagten: dessen Einzigartigkeit und Unaustauschbarkeit. Ergänzen wir: auch dessen Stärken, Talente, Ressourcen ... dessen heilen Personenkern in der vielfach rauen und dornigen Schale. Es sind keine Täuschungen, die den Liebenden betören. Der sexuell Begehrende, der flüchtig Verliebte, der erotisch Bezauberte mag kurzfristig in Illusionen baden. Der krampfhaft nach Zweisamkeit Suchende mag eigenen Wunschprojektionen hinterherlaufen. Aber der wahrhaft Liebende eilt mit geistiger Optik einfach der Realität ein Stück voraus in die Potenzialität hinein. Er sieht sozusagen schlummernde Kostbarkeiten im Geliebten und liebt sie – wenn irgendmöglich – aus ihm heraus, küsst sie wach wie der Prinz die Prinzessin im Märchen (vgl. *Jürg Willis* Konzept von der partnerschaftlichen »Koevolution«).

Ein Teil des Menschen ist jedoch sehr verborgen und entzieht sich manchmal sogar den Augen der Liebe. Es handelt sich um die Brücke zum Reich der ganz persönlichen Werte. Auf dieser Brücke sind wir am empfindsamsten und verletzlichsten. Ein kurzer Windstoß, der einen unserer intimsten Werte angreift, kann uns emotional glatt über das Geländer fegen – sogar über die Brüstung der Moral. Es ist ein grausiger Widerspruch, dass viel Böses in der Welt im Namen von Werten inszeniert wurde und wird, von den Irrgängen der Inquisition angefangen bis zu den Kriegen für Ehre, Volk und Vaterland. Genauso toben die Kriege in den Familien nicht selten um eine Werterhaltung oder Wertverteidigung.

FALLBEISPIEL:

Eine 25-jährige Büroangestellte hatte ihren Arbeitsplatz gekündigt, weil sie es dort nicht mehr ausgehalten hatte. Ihren Angaben zufolge war ihr die Büro- und Schreibtischtätigkeit verhasst. Auf meine Frage, warum sie denn die Handelsschule absolviert habe, erklärte sie, dass sie damals wenig Zukunftsvorstellungen gehabt habe und die kaufmännische Laufbahn nur eingeschlagen habe, um mit einer Freundin beisammen bleiben zu können. Die Freundin sei mit dem erlernten Beruf auch bis heute zufrieden, sie hingegen nicht. Auf meine Frage, ob bei ihr inzwischen eine Zukunftsvorstellung vorliege, nickte sie heftig. Ja, sie wolle eine Fotografenlehre machen und sich einem künstlerischen Tätigkeitsgebiet zuwenden. Okay, was sei nun das Problem? Ein Tränenausbruch der Frau setzte mich in Erstaunen. Was war los? Krieg war in ihrer Kleinfamilie ausgebrochen!

Was ich unter Schluchzen und Naseputzen zu hören bekam, war der Aufeinanderprall zweier Personen, die wild um ihre Werte kämpften. Die 25-Jährige war zu ihrem Vater zurückgekehrt und hatte ihn gebeten, dass er ihr während der Zeit ihrer Fotografenlehre Unterhalt und Obdach gewähre. Der Vater war murrend einverstanden gewesen. Er war begeisterter Jäger, gehörte einem Schützenverein an und veranstaltete öfters Meetings bis spät in die Nacht in seinem Hause. Bald kam es zur Eskalation. Die Tochter mokierte sich über die »ekeligen« Geweihe im Hause des Vaters, spottete über seine Trophäen, boykottierte die Vereinskumpanen des Vaters und zog alles in den Schmutz, was mit »Weidmanns Heil« im Entferntesten zu tun hatte. Der Vater seinerseits verstand nicht, wozu die Tochter partout beruflich umsatteln wollte, hielt von der »Fotografiererei« überhaupt nichts, von den »Flausen der Künstlergarde« noch weniger und versteifte sich darauf, dass die Tochter geradewegs in ihr Unglück renne. Jeden Morgen beim Frühstück »strich er ihr aufs Butterbrot«, wie sträflich dumm sie gewesen sei, eine gut dotierte Arbeitsstelle sausen zu lassen ...

Betrachten wir diese zwei Personen aus der Distanz emotionaler Neutralität. Handelt es sich bei ihnen um »böse« Menschen? Keineswegs! Sind sie aufeinander böse? Momentan schon, aber im Grunde auch nicht. Der Vater liebt seine Tochter, hat sie in ihrem Engpass bei sich aufgenommen, sorgt sich um ihre Karriere. Die Tochter liebt ihren Vater und hat sich in brenzliger Situation sofort zu ihm geflüchtet. Was unterschiedlich ist, sind die Wertsysteme der beiden Menschen. Die Tochter ist ein Kind der modernen Zeit. Sie sympathisiert mit grüner Umweltschutzpolitik und verabscheut die Tötung von Tieren. Dafür schwimmt sie auf der Trendwelle der neuen Job-Flexibilität mit und favorisiert den (Pseudo-)Anspruch auf »Freude am Arbeitsplatz«. Der Vater huldigt antiquierteren Wertgebilden, wonach man seine Pflicht zu erledigen hat, ob es Spaß macht oder nicht. Aus langer Lebenserfahrung weiß er auch, dass man dankbar sein muss für einen Arbeitsplatz. Er selbst wäre ziemlich einsam, wenn er nicht die Anbindung an seinen Verein hätte. Mit den Kameraden kann er sich über alles austauschen, was ihn bewegt. Das Schießen und Jagen bedeutet für ihn eher einen Geschicklichkeitssport, eine Art Jungbrunnen, der ihn lebendig hält.

Könnten diese zwei Personen jeweils die fremden und ihnen unverständlichen Werte der anderen Person *erschauen* und in Liebe unangetastet akzeptieren, hätten sie statt Krieg den Himmel auf Erden.

FORTSETZUNG FALLBEISPIEL:

»Sie verachten die Leidenschaft Ihres Vaters für das Jägertum?«, fragte ich die Frau und lauschte geduldig ihrer Antwort, in der sie sämtliche diesbezüglichen Aktivitäten ihres Vaters kritisierte. »Wieso gestehen Sie dann Ihrem Vater nicht das gleiche Recht zu, nämlich, Ihre Leidenschaft für die Fotografie zu verachten?« Die Antwort blieb aus.

Ich nutzte die Pause, um meiner Patientin zu erläutern, dass Menschen unterschiedliche Wertsysteme haben und dass man ihnen zumindest ihre obersten und wichtigsten Werte nicht zerschlagen darf, wenn man sie nicht in tiefster Seele kränken will. Vieles kann man einem Menschen zumuten, aber sein Selbstwert und die Höchstwerte aus seinem Wertsystem sollten tabu bleiben – wer daran rührt, riskiert unkontrollierbare Exzesse. Nach dieser Lektion kam seitens der Patientin die klassische Frage falschen Denkens: »Aber wie bringe ich meinen Vater dazu, mein Engagement für die Fotografie zu tolerieren?« Ich zog den Schlüssel der *finalen Vorleistung* aus der Tasche und überreichte ihn ihr.

Beim nächsten gemeinsamen Frühstück erkundigte sich die junge Frau bei ihrem Vater, wann wieder ein Vereinsmeeting im Hause stattfinden solle. Der Vater knurrte, er werde es in den Klub verlegen. »Das brauchst du nicht«, konterte die Tochter. »Ich werde den Tisch hübsch decken und ein Feinschmecker-Buffet für euch richten. Deine Freunde sollen sich bei uns wohl fühlen.«

Die Patientin erzählte mir später lachend, der Vater habe mit den Augen geblinzelt, an seinem Schnurrbart gezupft, und kommentarlos fertig gefrühstückt. Dann sei er aufgestanden, habe das Geschirr in die Küche getragen und ihr hinter der Türe zugerufen: »Vielleicht könntest du bei dieser Gelegenheit ein paar schöne Fotos von uns knipsen. Wir brauchen dringend Superaufnahmen für unser Vereinsblatt.«

Es dauerte kein halbes Jahr, und der Friede zwischen Vater und Tochter war wieder hergestellt.

Kampf- und Siegesfähigkeit ist eine biologische Überlebensmaxime; Friedensfähigkeit ist eine geistige Überlebensmaxime. Mit zunehmender Menschheitsentwicklung gewinnt Letztere an Bedeutung. Friedensfähig zu sein, heißt allerdings nicht bloß, friedlich zu leben und seine Mitmenschen nicht zu attackieren. Friedensfähig zu sein, verlangt um Etagen mehr als das. Es heißt: *sinnvoll zu reagieren, wenn eigene Werte angegriffen werden*. Es heißt, Herzblut zu vergießen und dennoch anständig zu bleiben. Einer hat es uns am Kreuz vorexerziert, doch – ihm nachzufolgen ist unendlich schwer.

WEISHEITSGESCHICHTE DER WÜSTENVÄTER[15]:

Es waren einst zwei alte Männer, die viele Jahre zusammengelebt hatten, aber nie stritten. Nun sagte der eine von ihnen: »Lass uns einmal streiten, ganz wie die anderen Leute es tun.« Und der andere sagte: »Ich weiß nicht, wie ein Streit entsteht.« Da sagte der Erste: »Schau, ich lege einen Ziegelstein zwischen uns und behaupte dann, ›das ist meiner‹ und du behauptest, ›nein, das ist meiner‹, und dann beginnt ein Streit.«

So legten sie einen Stein zwischen sich, und der eine von ihnen sagte: »Das ist meiner.« Und der andere sagte: »Nein, das ist meiner.« Und er gab zurück: »In der Tat, soll er dir gehören, so nimm ihn an dich und geh‹!« Und so gingen sie ihres Weges, ohne miteinander streiten zu können.

Wir Menschen sind wertefühlige Geschöpfe. Ginge es um Ziegelsteine, könnten wir sie einander lassen. Ginge es hauptsächlich um Geld und Gut (analog der Tierwelt: Fressen und Territorium), könnten wir lernen, uns miteinander zu arrangieren. Aber weil es immer auch um Werte und Ideale geht, fühlen wir uns so oft zum Kampf angestachelt – vergessend, dass der Kampf exakt jene Ideale entwertet, um die es uns geht.

> Mit den Mitteln des Krieges kann man keinen Frieden erzeugen.

Zwei wichtige Tipps für Eheleute

In der Ehe bzw. eheähnlichen Partnerschaft vereinen sich Mann und Frau zu einem gemeinsamen Weg durch die Zeit. Die Liebe ist ihr Startkapital, Gemeinsamkeiten sind ihre Begleiter. Gemeinsame Erlebnisse, Interessen, Aufgaben, Freuden und Leiden schmieden sie zusammen. Sogar gemeinsame »Feinde« oder Gefahren halten zusammen, wenngleich es sich dabei um ein fragwürdiges Band handelt. Das gemeinsame Schimpfen über Dritte z. B. verbindet Paare zwar, isoliert sie aber auch und drängt sie in eine gemeinsame »Kontra-Ecke«, in der sie schmollend-verbissen festhocken.

Die kreativen und kraftspendenden Gemeinsamkeiten sind eher solche, wie sie *Anthony de Mello* und *Anne Morrow Lindbergh* vorschwebten, als sie schrieben:

AUSSPRUCH VON DE MELLO:

Ein frisch verheiratetes Paar fragte: »Was sollen wir tun, damit unsere Liebe von Dauer ist?« Sagte der Meister: »Liebt gemeinsam andere Dinge.«

AUSSPRUCH VON MORROW LINDBERGH:

»Liebe besteht nicht darin, dass man einander ansieht (ein vollkommener Sonnenaufgang, der den anderen anstrahlt ...), sondern dass man gemeinsam in die gleiche Richtung sieht.«

Trotz der durchs Leben geleitenden Gemeinsamkeiten bleiben jedoch gravierende Unterschiede zwischen Eheleuten, die ihnen mitunter kaum bewusst sind. Die Liebe kann sie glätten, aber nicht eliminieren. In tragischen Fällen geschieht sogar das Gegenteil: Die Unterschiede unterhöhlen die Liebe. Vorbeugend möchte ich deswegen auf zwei spezielle Unterschiedsformen verweisen, die eheliche Turbulenzen anzukurbeln pflegen.

1) Da sein für etwas, Da sein für jemanden

Nach *Viktor E. Frankl* erfüllt menschliche Existenz ihren Sinn im »Da sein für etwas oder für jemanden«. Untersucht man geschlechtstypische Unterschiede bei Männern und Frauen, findet man nun nicht nur die üblichen körperlichen und psychischen Verschiedenheiten, sondern darüber hinaus existenzielle Schwerpunkte, die den Geschlechtern eignen. Diese Schwerpunkte lassen sich überraschend gut den Kategorien »Da sein für etwas« und »Da sein für jemanden« zuordnen. Vieles spricht dafür, dass es dem männlichen Geschlecht liegt und gewissermaßen aufgegeben ist, »für etwas da zu sein«: für den Aufbau eines Werkes, für die Entdeckung von Lebensräumen, für technische Konstruktionen, für Veränderungen der Wirklichkeit etc. Ebenso spricht vieles dafür, dass es dem weiblichen Geschlecht liegt und gewissermaßen aufgegeben ist, »für jemanden da zu sein«: für die Erziehung des Nachwuchses, für die Pflege der Kranken, für die Wohnlichkeit von Lebensräumen, für den Einsatz im Sozialbereich. In unserer pluralistischen Gesellschaft mischt sich freilich die Übernahme von Aufgaben bei den Geschlechtern bunt durcheinander, und dennoch hält sich im Durchschnitt die *personale Hingabe an eine Aufgabe* ziemlich genau an die althergebrachten Ämter, wie moderne Studien belegen. Männer können sich mit einem »Da sein für etwas« stärker identifizieren, Frauen mit einem »Da sein für jemanden«.

Es steht außer Diskussion, dass es in unserer Welt beides braucht und dass sich beides perfekt ergänzt. Diese Ergänzung ist meines Erachtens wesentlicher als jene von »Kopf« und »Bauch«, Rationalität und Emotionalität, wie sie traditionellerweise dem männlichen und weiblichen Prinzip zugeschrieben wird. Im »Da sein für ...« müssen »Kopf« und »Bauch«, Verstand und Intuition beteiligt werden, der ganzheitliche Mensch wird angemahnt – in geistiger Freiheit und Verantwortlichkeit. Was hier den essenziellen Unterschied konstituiert, ist nicht ein »Innerhalb« des Menschen, sondern ein »Außerhalb« des Menschen, ein dingliches oder ein lebendiges, wobei das Dingliche aufs Leben zugeschnitten, und das Lebendige auf Dingliches angewiesen ist. Im »Außerhalb« des Menschen tut sich gleichsam schon die *Ergänzung* als Schöpfungswille kund, was auf Mann und Frau zurückstrahlt als *gemeinsamer Auftrag*, diese Welt mitsamt ihren Inhalten ehrfurchtsvoll zu behüten, sorgfältig zu benützen und bedachtsam für die kommenden Generationen vorzubereiten.

Zurück zur Partnerschaft. Man beachte: Jeder darf seinen eigenen Schwerpunkt im »Da sein für ...« haben! Und keiner muss ausschließlich »für den Partner da sein«! Liebe Ehemänner, eure Frauen haben ein Recht auf einen ureigenen Wirkungsbereich, in dem vor allem zwischenmenschliche Beziehungen wichtig sind! Liebe Ehefrauen, eure Männer haben ein Recht auf ihr ureigenes Arbeitsfeld, das sie mit Ausdauer tätig gestalten! Eifert nicht, sondern erfüllt euren gemeinsamen Auftrag Schulter an Schulter. Euer Partner ist *nicht für euch da*, und eure Kinder *sind es schon gar nicht*; jeder ist für die Menschenfamilie von morgen da, die leben wird in einer Welt von morgen, deren Weichen heute gestellt werden!

HUMOR:

Ehemann: »Wir haben doch ausgemacht, dass wir uns in unserer Ehe die Arbeit teilen. Warum hast du im Garten kein Laub zusammengerecht?« Ehefrau: »Weil deine Hälfte auf dem Boden liegt, Schatz. Meine hängt noch am Baum.«

So ist der essenzielle Unterschied im »Außerhalb« des Menschen nicht gemeint ...

2) Ausdrucksmittel der Liebe

Wir sagten, die Liebe ist ein geistiges Band. Geistiges sucht seine Inkarnation. Es will seinen Ausdruck finden. Musikalität will singen, Poesie will dichten, Grazie will tanzen, Religiosität will beten.

Auch die Liebe will sich verkörpern und in tausend Symbolen widerspiegeln. Für eheliche Partner sind Kuscheln, Kosen und sexuelle Betätigungen die üblichsten Ausdrucksmittel ihrer Liebe. Aber nicht nur und nicht zwingend. Die Liebe kann sich auf tausenderlei Arten ausdrücken, adäquat und inadäquat. Zum Beispiel ist Sexualität bekanntlich kein adäquates Ausdrucksmittel der Liebe zwischen Eltern und Kindern. Streicheln, Schaukeln und Schmusen kann hingegen durchaus ein adäquates Ausdrucksmittel zwischen Eltern und Kleinkindern sein. Ein anderes Beispiel: Im Fall der HIV-Infizierung einer Person drückt sich ihre Liebe zum Partner – wenn sie ihn wirklich liebt! – nicht im Sexualakt, sondern im *Verzicht* auf den Sexualakt aus, um ihn nicht anzustecken. Die zu wählenden Ausdrucksmittel sind also verschieden, auch verschieden passend, und sie sind der Fantasie und dem Feingespür des Einzelnen überlassen.

Außerdem sind sie von seiner Lerngeschichte abhängig, und hierüber möchte ich kurz sprechen.

Wie sich das Zusammengehören einer Familie im Alltag ausdrückt, lernen die Kinder von klein auf. Es geht ihnen in Fleisch und Blut über, und wenn sie selbst erwachsen sind, verwenden sie automatisch dieselben Ausdrucksmittel in ihrer eigenen Familie. Der Haken dabei ist, dass sie nahezu *nur diese Ausdrucksmittel als Liebeszeichen verstehen.* Verbinden sich zwei Menschen miteinander, die sehr unterschiedliche Ausdrucksmittel der Liebe aus ihren Herkunftsfamilien kennen und in ihre gemeinsame Beziehung mit hineinnehmen, kommt es alsbald zu Missverständnissen.

HYPOTHETISCHES BEISPIEL:

Peter hat in seiner Herkunftsfamilie beobachtet, dass der Vater jeden Handgriff für die Mutter tat, um den sie ihn bat. Niemals war der Vater zu müde, ausgeleierte Wasserhähne, Türklinken und Handtuchhalterungen zu reparieren, den Gang vor der Wohnungstüre zu kehren, den Staubsauger zu entleeren, Nüsse zu knacken usw. Peter hat keinen Vater erlebt, der seiner Frau zärtliche Worte ins Ohr flüsterte, Zettelchen mit aufgemalten Röschen unter die Frühstückstasse schob oder andächtig lauschte, wenn sie ihr Herz ausschüttete. Peters Vater drückte seine Liebe durch beständiges Arbeiten, Dienen, für die anderen Sorgen und Einspringen in jeglichem Bedarfsfall aus.

Susanne hat in ihrer Herkunftsfamilie beobachtet, dass die Mutter stets ein schelmisch-neckendes Wort für den Vater parat hatte. Der Vater mochte granteln und erschöpft sein, doch der Mutter gelang es, ihn umzuschwenken. Ein lustig bemaltes Zettelchen in seiner Rocktasche rührte ihn an, ein Kraulen seiner spärlichen Locken beruhigte ihn.

Wenn er dann begann, seinen Kummer auszubreiten, ließ die Mutter ihre Arbeit liegen und hörte ihm geduldig zu; danach war alles wieder gut. Susannes Mutter drückte ihre Liebe durch kleine lustige Gesten, bewusstes Ignorieren von Misslaunigkeit und durch ein stilles Anteilnehmen an den Belastungen der anderen aus.

Peter und Susanne haben beide das riesige Glück gehabt, bei Eltern aufwachsen zu dürfen, die einander liebten. Sie haben jedoch verschiedene »Sprachen der Liebe« erlernt und deswegen kann trotz ihrer herrlichen Vorbilder ein Malheur passieren. Das sieht dann folgendermaßen aus: Peter bittet Susanne, den Kragen seines Sporthemdes auszubessern. Er glaubt, sie wird dies zügig tun (wie einst Vater ...), weil sie ihn ja liebt. Susanne lächelt ihn schelmisch an, krault seinen Nacken (wie einst Mutter ...) und legt das Hemd vorerst zur Seite. Peter ist irritiert. Ein anderes Mal hat Susanne Pech gehabt und ist gedrückter Stimmung. Sie glaubt, Peter wird sie (wie einst Mutter ...) irgendwie aufheitern und mit ein paar Worten ermutigen, sich auszuweinen, weil er sie ja liebt. Doch Peter werkelt wie verrückt im Hause herum (wie einst Vater ...). Sie ist irritiert. Jeder der beiden spricht in der »Sprache seiner Liebe«, nur – der Dolmetscher fehlt.

Man beachte: die Liebe ist das Primäre, ihre Ausdrucksmittel sind das Sekundäre. Doch dieses Sekundäre spiegelt nicht nur die eigene Liebe, sondern fördert oder hemmt die Gegenliebe, je nachdem, wie *angemessen es der Situation* und wie *vertraut es dem Partner* ist. Darum, werte Ehemänner und Ehefrauen, kontrolliert zwischendurch, was eure »Mutter- und Vatersprachen der Liebe« sind, und lernt freiwillig einige Vokabeln aus der »Sprache« eurer Partner hinzu! Ihr werdet verblüfft sein, wie viele unangenehme Missverständnisse ihr euch sparen werdet und wie sehr der erweiterte »Wortschatz« eure gegenseitige Liebe zu krönen vermag!

> *Lasst den anderen er selbst sein und seid selbst erfinderisch!*

Und wenn einer seelisch gestört ist?

Wir müssen uns noch mit einer Problematik befassen, die wir bisher ausgeklammert haben. Ein Familienmitglied sei seelisch angeschlagen, verwachsen, krank. Für die engeren Verwandten ist das mindestens so schwierig wie für den Kranken selbst. Es ist keineswegs damit getan, dass sich der Kranke in eine psychiatrisch/psychotherapeutische Behandlung begibt. Seine Verwandtschaft ist unabdingbar in das Krankheitsgeschehen mit einbezogen. Und es ist *normabweichendes* Geschehen, in das sie verwickelt wird, sei es neurotischer oder psychotischer Art. Die Verwandtschaft muss auf die Symptome ihres »Sorgenkindes« reagieren – bloß: *auf eine abnormale Situation kann man nicht normal reagieren!* Mehr und mehr pathologisiert sich das reaktive Verhalten der Verwandten. Der Neurotiker neurotisiert seine Mitwelt, der Süchtige züchtet Ko-Süchtige, der Borderliner verhärtet seine Mitmenschen und der Psychotiker bringt sie zum Durchdrehen.

Im vorigen Jahrhundert wurden psychologische Theorien propagiert, die das Pferd beim Schwanz aufzuzäumen versuchten. Eine davon lautete: Die Familie sei immer als Ganzes krank und ihr schwächstes Mitglied (also der Kranke) sei einfach »der Symptomträger eines gestörten Systems«. Ich will nicht leugnen, dass es defizitäre Gesamtfamilienkonfigurationen gibt. Trotzdem möchte ich aufgrund meines klinischen Erfahrungsschatzes dieser Theorie eine klare Absage erteilen. Letztlich kommt es überall auf den einzelnen Menschen an, in jeder Sozietät, ob Teamwork, Familie oder Gesellschaft. Der Einzelne ist und bleibt der Verantwortliche. Seine Verantwortlichkeit kann krankheits- oder entwicklungsbedingt getrübt sein, aber er kann seine vorhandene Verantwortung auf keine Sündenböcke Rücken abwälzen, auch nicht auf ein »System«. Es ist daher wissenschaftstheoretisch inhuman, den personalen Menschen zur »Funktion eines Systems« zu degradieren.

Entsprechend inhuman verlaufen darauf fußende Therapien.

AUS EINEM MAILÄNDER THERAPIEPROTOKOLL[16]:

Eine italienische Familie bestand aus einem älteren, schwächlichen Vater, einer jüngeren, lebenslustigen Mutter und einem mental retardierten Kind. Die Eltern konsultierten einen Fachmann mit der Frage, ob die intellektuelle Entfaltung ihres Kindes irgendwie angeregt werden könne. Der Fachmann lud Vater, Mutter und Kind zu mehreren aufdeckenden Familiensitzungen ein und konfrontierte die Eltern danach mit folgenden Informationen:

1) Die Mutter lehne den Vater ab, wage es aber nicht, ihm ihre Ablehnung zu zeigen. Nur wenn sich das Kind genügend »blöde« verhält, schimpft der Vater mit dem Kind, und dann habe die Mutter die erwünschte Gelegenheit, auf ihren Mann loszugehen und ihn anzuschreien, dass er das arme Kind in Ruhe lassen solle.
Zu diesem Zweck *benötige* sie ein »blödes« Kind.

2) Der Vater habe Angst, seine junge und lebenslustige Frau zu verlieren, für die er sich nicht mehr attraktiv und männlich genug fühle. Das mental retardierte Kind hält die Mutter zu Hause fest und raubt ihr den Elan, nach fremden Liebesabenteuern zu streben, was ganz in des Vaters Sinne ist.
Zu diesem Zweck *benötige* er ein »blödes« Kind.

3) Das Kind ahne die Wünsche seiner Eltern und erfülle sie unbewusst, indem es »blöde« bleibe. Es passe sich eben an sein »gestörtes Umfeld« an.

MEINE STELLUNGNAHME DAZU:

Auf die Gefahr hin, als unverbesserliche Idealistin zu gelten, möchte ich sagen, dass es mir äußerst unwahrscheinlich vorkommt, dass eine Mutter bedenkenlos ihr Kind opfert, um ihren Ehemann gelegentlich anschreien zu können, dass ein Vater bedenkenlos sein Kind opfert, um seine Frau ans Haus zu binden, und dass ein Kind bereit ist, vor seinen Klassenfreunden und -freundinnen »blöde« dazustehen, nur um folgsamst die perversen Wünsche seiner Eltern zu befriedigen. Noch weniger kann ich glauben, dass »Rabeneltern«, die von solcherlei Absichten besessen wären, die Hilfe eines Fachmannes suchen würden, weil sie sich Sorgen um die Schulbildung ihres Kindes machen. Am allerwenigsten aber vermag ich mir auszumalen, dass die genannten Informationen an die Eltern auch nur einen Funken dazu beitragen können, dass das Kind gescheiter wird, und sich das Zusammenleben der Familie in Zukunft stabilisert.

Eltern sind nicht die alleinigen Verursacher kindlicher Störungen. Zum Beispiel neigen manche Kinder von Geburt an, d. h. von ihrer charakterlichen Veranlagung her, zu neurotischen Entgleisungen. Genetische Faktoren und minimale cerebrale Dysfunktionen sind ursächlich mit im Spiel. Die Eltern wissen damit nicht umzugehen, weshalb sich die Konflikte in den Familien dramatisch zuspitzen. Die Mütter reagieren ängstlich-überprotektiv darauf, die Väter eher energisch-hart, keiner von beiden verhält sich ganz richtig, aber – in Reaktion auf ein vom Kind heraufbeschworenes Stressmoment. Man darf dann nicht schnell den Spieß umdrehen und abfällig seufzen: »Na, bei *den* Eltern musste das Kind ja neurotisch werden!« Auch habe ich Eltern von drogengefährdeten Jugendlichen gekannt, die exzellente Pädagogen waren und alles Menschenmögliche für die Jugendlichen taten und denen trotzdem bei den zugezogenen Ärzten ihrer Kinder unabschüttelbar das »Odium der Suchtproduzenten« anhing. Das ist nicht in Ordnung!

Analog kompliziert wird es, wenn das seelisch gestörte Familienmitglied ein Eltern- oder Großelternteil ist. Die Ehepartner retten sich in einer »Flucht nach vorne« oder unterwerfen sich in Resignation, die jüngere Generation ist oft total hilflos und überfordert. Der Kranke geht vielleicht eine Stunde pro Woche zur ambulanten Therapie, doch die restliche Wochenzeit, in der ihn seine Familie aushalten muss, ist lang. Ein wenig sarkastisch könnte man sagen: Der Therapeut kann leicht geduldig und gleichmütig-höflich sein. Eine Stunde vergeht wie im Flug und ein Salär bringt sie ihm auch. Die Angehörigen hingegen dürfen den Kranken rund um die Uhr »genießen« und müssen meist noch zuzahlen – zumindest mit ihrer Nervenkraft. Da brauchen sie wahrhaft Unterstützung und ein Quäntchen Sympathie seitens der therapeutischen Branche. Der Kranke ist der »homo patiens«, der Leidgeplagte, das ist gar keine Frage, nur sitzt er nicht auf Robinson Crusoes Insel, sondern mitten im pulsierenden mitmenschlichen Leben um sich herum, und dieses soll unbeeinträchtigt weiterpulsieren dürfen ...

Nicht umsonst haben sich in diesem Zusammenhang Selbsthilfegruppen von Angehörigen formiert, die großartige Arbeit leisten. Ohne sie stünden wir Therapeuten vielerorts auf »verlorenem Posten«.

HUMOR:

Resi trifft ihre Freundin Rita. »Wie geht es deinem Michael?«, erkundigt sie sich. »Von dem habe ich mich vor drei Wochen getrennt, und seitdem ist er ständig betrunken«, berichtet Rita. Darauf Resi: »Dass er so lange feiern würde, hätte ich nicht erwartet!«

Bevor es zu obiger Variante von Selbsthilfe kommt, empfiehlt sich eine sanftere:

HUMOR:

Petra telefoniert schon über eine Stunde. Ihre Eltern essen in der Küche nebenan, Petras Essen wird kalt. Gereizt meint der Vater: »Das nimmt heute wieder einmal gar kein Ende!« – »Vergiss nicht«, tröstet ihn die Mutter, »wie froh wir damals waren, als sie ihr erstes Wort hervorbrachte!«

Im Fachjargon nennen wir diese Trost-Variante eine »Einstellungsmodulation«. Kann man einen Sachverhalt nicht ändern, kann man immerhin die Einstellung zum Sachverhalt ändern, und damit ist schon einiges gewonnen. Das *Frohsein* (dass ...) korrespondiert seit eh und je mit *Frohsinn*. Im obigen Humorbeispiel: Wenn die Eltern froh sind, dass ihre Tochter überhaupt sprechen kann, dass sie Kontaktpersonen hat, mit denen sie telefonieren kann, dass sie körperlich fit und ohne Gebrechen ist, und dass am Tag jenes Abends nichts Schlimmeres passiert ist als ein erkaltetes Nachtmahl, dann werden sie mit einem leisen Lächeln über der Situation stehen. Die Provokation der Tochter wird nicht greifen, die zornige Verkrampfung der Eltern sich lösen.

Weitere Trostpflaster und hilfreiche Richtlinien für mitleidende Angehörige wollen wir im nächsten Kapitel erörtern.

> Auf eine abnormale Situation kann man nicht normal reagieren.

Richtlinien für mit-leidende Angehörige

Richtlinie Nr. 1: Empfangsbereit bleiben, ohne zu senden
Nie werden wir genau wissen, aus welcher Schädigung eine seelische Unstimmigkeit stammt, welche multivariablen Wurzeln ein abnormes Verhalten hat, was verhüllt dahintersteckt, was der Betreffende mit seinen Symptomen bezweckt und auslebt. Wer sich in Grübeleien einspinnt, warum der Kranke krank geworden ist, warum er sich ausgerechnet so und nicht anders verhält, ob es Mitschuldige an seinem gegenwärtigen Zustand gibt und wer diese Mitschuldigen sein könnten, der vergeudet Kraft, die er dringend benötigt, um sein eigenes Verhalten gegenüber dem Kranken im Griff zu haben.
Aggressivität ist ein gutes Beispiel dafür.

HYPOTHETISCHES BEISPIEL:

Ein 20-jähriger junger Mann sitzt gemütlich im Wohnzimmer und schreibt an einer Examensarbeit. Plötzlich reißt seine 17-jährige Schwester die Türe auf und brüllt ihn an, wo ihr Kosmetiktäschchen sei; sie könne es nicht finden. Ihr Bruder zuckt die Achseln, weil er nicht weiß, wo seine Schwester ihre Utensilien verstreut hat. Daraufhin keift sie, er solle sich zum Teufel scheren, läuft wütend aus dem Zimmer und knallt die Türe hinter sich zu.
Sollte der Bruder im Anschluss an diesen Vorfall zu ergründen versuchen, was seine Schwester in solch unproportionalen Aufruhr versetzt hat, bietet sich Diverses zur Vermutung an. Vielleicht hat es Streit zwischen ihr und ihrem derzeitigen Freund gegeben, oder sie hat sich in der

Schule mit den Lehrern angelegt und ihren Ärger mit nach Hause geschleppt. Vielleicht gerät sie dem Onkel väterlicherseits nach, der ziemlich aufbrausend war, oder sie hat ihre Tage und ist nervös und gereizt ...

Am einfachsten wäre es, den Vorfall später nochmals in Ruhe anzusprechen. Aber es kann sein, dass sich dies als undurchführbar erweist, weil die Schwester in einem zu psycholabilen Zustand ist. Sie sperrt sich abends in ihrem Zimmer ein, um jeden Dialog abzublocken. Oder sie geht aus und schleicht spät nachts nach Hause, wenn die übrigen Familienmitglieder schlafen. Gelegentlich droht sie gar, sich umzubringen, weil keiner sie versteht. An diesem Punkt sollte mit allen Spekulationen in der Familie Schluss sein. Für den Bruder zählt einzig die Frage, wie er mit dieser Situation umgehen kann, in die er hineingestellt ist.

Als Bruder hat er wenig Einfluss, möglicherweise jedoch noch mehr als die Eltern oder die Lehrer seiner Schwester. Er sollte deshalb einen günstigen Augenblick für eine vernünftige Aussprache abwarten. Ohne Drängen, ohne Ungeduld und vor allem ohne »Retour-Aggressivität«. Es besteht eine gewisse Chance, dass die Schwester von selbst ihre Rüpelhaftigkeit bereut und sich ihrem Bruder anvertraut. Dann kann er heilsam auf sie einwirken. Wenn nicht, muss er es ertragen, ohne die Hoffnung zu verlieren.

In der Familienberatung empfiehlt man eine derartig reserviert-zugewandte Beziehung mit den Worten: *empfangsbereit bleiben, ohne zu senden*, was ein anschauliches Rezept für den Umgang mit aggressiv-psychopathischen Personen ist. Ein *Senden* würde sofort ihre Aggressivität neu entfachen, ein *Abbrechen der Empfangsbereitschaft* würde eine künftige Versöhnung kappen. Die optimale Taktik ist es, einen verbal-aggressiven Schub sich totlaufen zu lassen, weil er keinen Widerstand findet, der ihm Nahrung gibt.

Damit ist nicht verlangt, dass man tut, als wäre nichts geschehen. Man zieht sich nur in ein neutrales Zwischenstadium zurück, das die Optionen offen lässt. Kommt das Gespräch irgendwann (vom Kranken angestoßen) wieder in Gang, sollte es unbedingt dafür genützt werden, nachdrücklich die unverzichtbare Achtung voreinander zu thematisieren, ohne die ein gutes Zusammenleben nicht vollziehbar ist.

In Übersetzung bedeutet die Empfangsbereitschaft der Restfamilie: »Wir mögen dich ...«, und das Nicht-Senden der Restfamilie bedeutet: »... aber nicht dein negatives Verhalten«. In Kombination besagt es: »Wir sind willig, mit dir zu kommunizieren, bloß nicht auf diese unwürdige Weise.« Die Person des Kranken wird weder verworfen noch gestraft, ihre Verhaltensauffälligkeit auch nicht verstärkt.

Das Rezept ist auf den Umgang mit suchtverstrickten Familienmitgliedern (die sich nur selbst am Schopf aus dem Sumpf ziehen können!) erweiterbar. Sämtliche wohlmeinenden Versuche Angehöriger, sie aus der Verstrickung zu befreien, schlagen fehl. Sämtliche Analysierungsversuche, wie sie hineinschlittern konnten, sind fruchtlos. Die Angehörigen müssen ihre eigene Lebenskultur konstant halten, dem ansteigenden Elend buchstäblich zuschauen und sich vor Tätlichkeiten, Erniedrigungen und Verarmung schützen. Aber sie mögen in letzter Minibarmherzigkeit ihre Empfangsantennen eingeschaltet lassen für die bodenlose Not der/des Betroffenen.

Richtlinie Nr. 2: Realistisch empfangen und optimistisch senden

Gewährt die Realität keinen Anlass zum Optimismus, nehmen Menschen pessimistische oder illusionistische Haltungen ein. Sie sind bitter enttäuscht oder sie täuschen sich, indem sie sich belügen. Schwer ist es für sie, eine realistische *und* optimistische Weltanschauung in einem aufrecht zu halten, wie es etwa *Frankl* in seinem Konzept vom »tragischen Optimismus«[17] vertreten hat. Dennoch wäre diese Weltdoppelsicht gerade für Familien mit seelisch gestörten Familienmitgliedern die einzig gesunde.

Insbesondere eine große Gruppe von seelisch Kranken verhält sich nicht deshalb abnormal, weil sie nicht anders will oder nicht anders kann, sondern weil sie *glaubt, nicht anders zu können*. Es ist die Gruppe der ängstlichen, unsicheren, zögerlichen Personen, die sich wenig bis nichts zutrauen und dadurch ihre eigene Entfaltung beschneiden. Es kennzeichnet geradezu das Drama des Neurotikers, dass er nicht vollbewusst weiß, was er alles kann und demzufolge seine positiven Anlagen und Talente brach liegen lässt, anstatt sie zum Aufbau einer sinnerfüllten Existenz zu verwenden. Werfen ihm die Angehörigen vor, dass er sich eben nicht genügend anstrengt (was in »halber Wahrheit« ja stimmt), erhöht dies seine Angst vor dem Versagen und sein Selbstbild vom tölpelhaften Versager, was ihn noch tiefer ins Nicht-zu-können-Glauben hineindrückt, bis er rundum versagt. Seine negative Selbstprognose wird zur Realität, obwohl sie ursprünglich irreal war. Er sitzt in einer »circulus vitiosus«-Falle der nachstehenden Art:

HUMOR:

»Herr Direktor, Sie haben mir mehr Gehalt versprochen, wenn Sie mit mir zufrieden sind!« – »Das schon«, antwortet der Direktor. »Aber wie kann ich mit einem Angestellten zufrieden sein, der mehr Geld will?«

Neurotisch-angstgequälte Kranke brauchen einen Vorschuss an Mit-ihnen-zufrieden-Sein. Sie brauchen die kontinuierliche Bestätigung, dass alles okay ist, weil sie selbst es nie so empfinden. Wir sollten daher *den ihnen fehlenden Optimismus ausstrahlen*, wo wir nur können, ohne ins andere Extrem zu fallen und sie zu überfordern. Um diese Balance zu halten, ist ein Stückchen Weisheit und Güte nötig, die freilich nicht jedermann aufbringt. Doch es lohnt sich im Interesse der gesamten Familie, darum zu ringen, denn der Nervenverschleiß im Umfeld von Neurotikern ist beachtlich. Wenngleich sie sich wesentlich zarter benehmen als Psychopathen und Süchtige, reibt man sich dennoch an ihrem ständigen Minderwertigkeitsgefühl und hinterhältig verborgenen Beleidigtsein auf. Bald ist jeder allergisch auf jeden: der Kranke auf die Gesunden und deren zwanglose Unbekümmertheit (die er ihnen neidet), und die Gesunden auf den Kranken mit seinen aufgeblähten Grundlos-Wehwehchen.

Blaise Pascal hat einmal gesagt: »Je weiser und besser ein Mensch ist, umso mehr Gutes bemerkt er in den Menschen.« Das ist ein gewichtiges Wort im Umgang mit ängstlich gestörten Personen, bei denen wir auch das *verdeckt Gute* (Dennoch-Starke, Trotzdem-Tüchtige ...) bemerken müssen, um es mit vereinten Kräften an die Oberfläche zu hieven. Im Kontrast zur Richtlinie Nr. 1 empfiehlt sich folglich angesichts dieses Problems, *realistisch zu empfangen und optimistisch zu senden*, was einzig möglich ist, solange man selber beides im Visier hat: das Seiende und das in Hoffnung noch Werdbare.

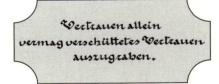

Vertrauen allein
vermag verschüttetes Vertrauen
auszugraben.

Realistisch-optimistische Weltsicht

Hier ein Beispiel aus der Arbeitswelt, das einerseits beweist, dass es zum modernen Schreckgespenst des »Mobbings« erfreuliche Alternativen gibt, und andererseits leicht auf die Familie übertragbar ist bzw. das oben Dargelegte exemplifizieren kann.

FALLBEISPIEL:

Eine mir bekannte Dame hatte eine Arbeitskollegin, die zittrig und nervös war, sich wegen Kleinigkeiten aufregte, mit ihren Gedanken an irrelevanten Details kleben blieb, dann wieder fieberhaft bemüht war, ihre Arbeit recht zu machen, mit dem Ergebnis, dass sie vor lauter Übereifer immer unkonzentrierter wurde; eine Kollegin also, die offenkundig unter innerem Druck stand, der sie am gelassenen Absolvieren ihres Arbeitspensums hinderte. Dazu kam, dass sich der Vorgesetzte dieser Kollegin schon manchmal über ihr »hysterisches Getue«, wie er es nannte, mokiert hatte, und dass ihr die Auflösung des Arbeitsverhältnisses angedroht worden war, falls die Fehlerquote explodiere.

Zwischenbemerkung:
 Drohungen bewirken meist eher ein Zuspitzung als eine Entspannung der Lage, speziell bei ängstlichen Personen. Je perfekter sie sein wollen, desto unvollkommener werden sie, je mehr sie sich gegen irgendwelche dräuenden Gefahren absichern wollen, desto erschütterter wird ihre seelische Position. Dem ist in zweierlei Hinsicht gegenzusteuern. Sie müssen lernen, sich und ihren Fähigkeiten zu vertrauen, und

sie müssen den Mut entwickeln, sich auch einmal Fehler zu erlauben, ohne gleich in Panik zu geraten.

Die mir bekannte Dame durchschaute die Zusammenhänge und beschloss, ihrer Arbeitskollegin zu helfen. Sie riet ihr, die Angelegenheit nicht todernst zu nehmen, sondern sich auf heitere Weise mit ihr auseinander zu setzen. An jedem Morgen, so riet sie ihr, solle sie sich vornehmen, den »Weltrekord im Fehlermachen« zu brechen. Sie solle sich direkt wünschen, endlich in hohem Bogen hinausgeschmissen zu werden, damit ein bequemerer und angenehmerer Arbeitsplatz in Reichweite rücke ... Bei so viel »Lächerlichkeit« der Gedanken konnte die Kollegin nicht umhin, aufatmend zu lächeln, was ihr einen gelösteren Tagesstart ermöglichte.

Parallel zum Mut zum Versagen-Dürfen musste aber auch das Vertrauen zu sich selber wachsen, und solches gedeiht am besten, wenn es ein *sicht-, greif- oder spürbares Feedback über Gelungenes im Leben* gibt.

Es ist ein groteskes Phänomen, dass oft gerade das Gelungene, Beglückende und Problemlose übersehen wird, einfach keine Beachtung findet, ja aus dem Blickfeld verschwindet. In der Psychoanalyse wird andauernd von der Verdrängung grauenvoller Erlebnisse und Gefühle und den daraus entspringenden Psychosomatosen gesprochen; doch scheint mir, dass manche Übel der Gegenwart eher darin liegen, dass wertvolle Erlebnisse, geschenkte Freuden oder in ihrer Schönheit einzigartige Stunden »verdrängt« werden und dadurch kein nachhaltiges inneres Echo mehr auslösen. Der Neurotiker jedenfalls weiß nicht nur *nicht*, was er in Wirklichkeit alles kann, er weiß auch *nicht*, wie gut es ihm in Wirklichkeit geht; und weil er es nicht weiß, geht es ihm auch nicht gut.

FORTSETZUNG FALLBEISPIEL:

Die mir bekannte Dame stützte ihre Kollegin, indem sie ihr regelmäßig Gelungenes rückmeldete. Sie sagte etwa beim Mittagstisch wie nebenbei zu ihr: »Das haben Sie heute prima hingekriegt!«, oder nach Abschluss eines Projektes: »Na, geschickter hätte es der Chef auch nicht anpacken können!« Sie machte ihrer Kollegin nichts vor, nahm sie in ihrer umnachteten Stimmung an, legte aber den Finger gezielt auf jeden erkennbaren Lichtstreifen, der sich am Horizont abzeichnete. Ferner lehrte sie sie einen kleinen Trick, wie man das Positive einfängt und das Geleistete im Bewusstsein verankert, damit es sich nicht zu rasch daraus verflüchtigt. Innerhalb eines Vierteljahres kam es zum »happy end«: Die Arbeitskollegin gewann an Auftrieb und wurde anlässlich eines Firmenjubiläums von ihrem Vorgesetzten sogar belobigt.

Der oben erwähnte Trick besteht darin, einen Kalender zu führen, in den Symbole für kleine Überwindungen der Angst eingetragen werden, gleichsam Symbole eines geistigen Triumphes über eine psychische Schwäche. Ob man bunte Sterne, Kreuzchen, Sonnen in den Kalender malt ist egal, wichtig ist, was sie bedeuten. Wichtig ist, dass sie in ihrer Summe dem panischen und an sich selbst zweifelnden Menschen vermitteln: »Was zweifelst du? Wovor fürchtest du dich? Du hast sonnenfache Erfolge, sternenfache Siege über dich selbst, du hast mehr Kraft in dir, als du denkst! Nun sei kein Hasenfuß, wage das Leben!« Religiöse Menschen mögen hinter ihren in den Taschenkalender gekritzelten Symbolen des Gelingens noch ein tieferes ungeschriebenes Symbol erblicken, das zu erkennen ihnen bislang der Blick verstellt war: das Symbol der Gnade.

Mir hat einmal ein eingefleischter Pessimist seine Haltung erläutert. Er sagte: »Ich erwarte *immer* das Schlechte und *oft* habe ich Recht.« Ich antwortete: »Dann ist die Differenz zwischen ›immer‹ und ›oft‹ das Ausmaß, in dem Sie sich irren.« »Jawohl«, gab er zu, »aber dieser Irrtum schmerzt nicht. Er ist – prickelnd süß. Würde ich im Unterschied dazu das Gute erwarten und mich irren, wäre ich enttäuscht, und Enttäuschung tut weh.« Der Mann war ein Pessimist geworden, um Enttäuschungsschmerzen zu vermeiden.

Man könnte darüber diskutieren, ob das mittels Pessimismus umschiffte Leid in einem vernünftigen Verhältnis zur Trübsal einer sämtliche Lebensareale durchdringenden pessimistischen Grundauffassung steht, doch möchte ich auf etwas anderes hinaus. Ich möchte davor warnen, beim Umgang mit seelisch gestörten Menschen das Risiko einer Enttäuschung zu scheuen und *deshalb* den notwendigen Optimismus zurückzuschrauben. So egoistisch dürfen wir nicht sein! Wenn wir uns irren, sollte es ein Irrtum von der Sorte sein, dass wir jemandem ein bisschen zu viel Stabilität, Anstand und Fairness zugetraut haben, und nicht ein Irrtum von der Sorte, dass wir ihn für unfähig oder »böse« hielten, wo er es nicht verdiente. Es ist fast eine Humanitätspflicht gesunder Angehöriger, an die Kraftreservoire ihrer seelisch angeschlagenen Familienmitglieder zu glauben und sich notfalls von ihnen enttäuschen zu lassen. Die Gesunden können es wegstecken. Ob ein Kranker ihm entgegenwallendes Misstrauen ertragen kann, ist von Fall zu Fall ungewiss.

Seid wachsam: auch Gutes wird aus dem Bewusstsein verdrängt.

Der inneren Stimme gehorchen

Bevor ich eine dritte und letzte Richtlinie vorstelle, möchte ich anhand einer persönlichen Begebenheit demonstrieren, was unter der »inneren Stimme« zu verstehen ist, auf die Dichter, Künstler, Propheten, Therapeuten oder Exerzitienmeister gerne verweisen.

PERSÖNLICHE GESCHICHTE:

Ich habe herzensgute Eltern gehabt. Nach dem frühen Tod meiner Mutter hat mein Vater ein zweites Mal geheiratet. Er lebte in Wien (wo auch ich geboren bin). Da ich 1972 mit meinem Mann nach Deutschland gezogen war, sahen mein Vater und ich uns in den darauf folgenden Jahren selten, aber wenn wir uns trafen, freuten wir uns sehr.

In den Jahren 1981/82 veränderte sich mein Vater. Er wurde desinteressiert, gleichgültig, abweisend, und wenn ich nach Wien zu ihm auf Besuch kam, registrierte er es kaum. Mich bedrückte dies, weil es keinerlei Grund für eine Unstimmigkeit zwischen uns gab. Mein Vater war einfach nicht mehr wie früher, und ich verstand (trotz psychologischen Wissens und familiärer Bande) nicht, wieso. Es nützte nichts, ihn zu fragen. Er gähnte sofort und verschanzte sich hinter seiner Müdigkeit.

Im Dezember 1982 kam mein viertes Buch auf den Markt. Als ich knapp vor Weihnachten nach Wien fuhr, nahm ich ein Exemplar meines frisch gedruckten Buches mit und überreichte es meinem Vater nach der Begrüßung. Er betrachtete das Buch kurz und gab es mir mit dem Kommentar zurück, ich könne es behalten, weil er es sowieso nicht lesen werde. Ich kann mich heute noch erinnern, wie mich damals eine Welle des Ärgers erfasste. Ich war von der Reaktion meines Vaters sehr betroffen. Meines Erachtens hätte ein selbst geschriebenes Buch der Tochter einen Wert für ihn besitzen müssen, unabhängig davon, ob er zum fachlichen Inhalt des Buches einen Bezug hatte oder nicht. Ich war nahe daran, meinem Ärger Luft zu machen, aber während ich dazu ansetzte, hielt mich etwas zurück. Ich kann es nicht anders ausdrücken als mit der Metapher: *eine innere Stimme hielt mich zurück*. Sie wisperte: »Sei still!« Also steckte ich mein Buch wieder ein und schwieg.

Vom psychologischen Standpunkt aus ließe sich allerhand in diese Szene hineininterpretieren. Man könnte meinen, ich habe mich nicht getraut, gegen meinen Vater aufzumucken. Ich sei in meine Kindheitsrolle zurückgefallen und habe mich vor dem gestrengen Herrn Papa geduckt. Doch das stimmte nicht! Ich hatte nicht die geringste Bange vor einem Disput mit ihm. Ich verzichtete bloß darauf, ganz und gar freiwillig, einer seltsamen Gewissheit folgend, dass dies aus unerfindlichen Gründen das einzig Richtige war.

Ein Jahr später klärte sich das Rätsel auf. Bei meinem Vater wurde ein faustgroßer Gehirntumor festgestellt und operativ entfernt. Er starb bei dem Eingriff. Ich erfuhr von den Ärzten, dass der Tumor über Jahre gewachsen und meines Vaters Denk- und Empfindungsvermögen erheblich beeinträchtigt haben musste, ohne dass jemand eine Ahnung davon gehabt hätte.

Viktor E. Frankl hat uns überzeugend dargelegt, dass nicht nur ein triebhaft Unbewusstes, sondern auch ein *geistig Unbewusstes* im Menschen wohnt. Besonders existenziell bedeutsame Entscheidungen werden häufig in einer geistig unbewussten Tiefensphäre getroffen, die dem Verstande verschlossen ist. Zum Beispiel ist es unbegreiflich, warum man einen bestimmten Menschen liebt, einen unter zahllos vielen, der einem wert und teuer ist wie niemand sonst. Ähnlich ist der Entwurf eines lyrischen Werkes oder eines Musikstückes nicht logisch erhellbar – Intuition und Inspiration bleiben geheimnisumwoben. Liebe und Kunst sind auch unendlich mehr als Gefühlsanwandlungen. Sie sind geistige Akte, die im Vollzug sogar widrige Gefühle in Kauf nehmen, wenn es unumgänglich ist. Exakt so das Gewissen: Es gleicht einer aus geistig unbewusster Tiefe emporhallenden Stimme, die uns (weder rational noch emotional erklärbare) Impulse einhaucht, welche höchstens im Nachhinein »rationalisiert« oder »emotionalisiert« werden können. Impulse, die uns zu nichts zwingen, aber unbeirrbar das ständig wechselnde *Eine* anpeilen, das in jeder Situation Not tut – zum Wohle aller Beteiligten.

Aus dem Gesagten sei ein letzter guter Rat für Angehörige seelisch gestörter Familienmitglieder abgeleitet:

Richtlinie Nr. 3: Empfangsbereit bleiben für das geistig Unbewusste, während bewusst gesendet wird
Seelisch kranke und labile Personen machen es ihren Mitmenschen schwer, sie zu verstehen. (Oft verstehen sie sich ja selber nicht!) Körperlich kranke oder geschwächte Personen haben dem gegenüber ein großes Plus: Sie stoßen im Allgemeinen auf wesentlich mehr Sympathie und Verständnis in ihrer Mitwelt. Aber *dass wir etwas verstehen, gibt uns noch nicht die Kompetenz, es zu beurteilen, und dass wir etwas nicht verstehen, gibt uns noch nicht das Recht, es zu verurteilen.*

EIN DETAIL AUS DER HIRNFORSCHUNG:

Wer wäre z. B. nicht versucht, angesichts des grassierenden Problems von Magersucht (anorexia nervosa) bei jungen Frauen zu denken: »Na, die Mädels brauchten nur mehr zu essen, und das Problem wäre aus der Welt!« – Klar, diese Problematik ist unverständlich; nicht nur für psychologische Laien. Von den Fachexperten wurden vor Jahrzehnten sämtliche Register der Traumatheorie gezogen. Später ist man auf die Theorie vom gestörten Familiensystem, das die jungen Frauen zur autoaggressiven Rebellion anstachele, umgesattelt. Mittlerweile wurde mittels Computertomogramm entdeckt, dass bei einem Körpergewicht, das mehr als 2 Standardabweichungen unter dem Normalgewicht liegt, eine ausgeprägte Vergrößerung der kortikalen Sulci (gewisser Hirnwindungen) und der interhemisphärischen Fissuren (dazwischenliegender Spalten) zu beobachten ist ...

Bei parallelen Sachverhalten weiß man nicht, was zuerst da war und das andere erzeugt hat, in diesem Fall, ob der Gewichtsverlust die Veränderung im Gehirn oder ob eine Veränderung im Gehirn (über eine Verhaltensänderung) den Gewichtsverlust nach sich zieht. Außerdem besteht trotz der genannten Parallelität die Möglichkeit, dass es einen zusätzlichen psychosozialen bzw. charakterlichen Faktor gibt, der Gewichtsverlust und Gehirnveränderung gleichzeitig in Gang setzt.

In Anbetracht der Fülle solcher Verflechtungen von körperlichen und seelischen Aspekten, von sozialen Einflüssen und personalen Entscheidungen, müssen wir uns damit begnügen, immer nur »Bruchstücke des Puzzlespiels Mensch« zu erfassen, und daher bei unserem Umgang mit diesen »Bruchstücken« höchste Behutsamkeit üben. Hören wir auf unsere innere Stimme! Sie rät uns, den seelisch Kranken in seinem Anderssein zu akzeptieren und hält uns davor zurück, ihn in Unkenntnis der Sachlage zu verletzen, wie sie mich seinerzeit davor bewahrt hat, meinem Vater Vorwürfe zu machen, die nicht am Platz gewesen wären. Das Gewissen funktioniert wie eine uns geliehene Ampel im irdischen Straßenverkehr, deren Mechanismus nicht zu hinterfragen ist. Doch wenn ihre Signale auf »rot« stehen, empfiehlt es sich, unverzüglich auf die Bremse zu steigen, denn dann stimmt die eingeschlagene Richtung nicht, und schiene sie uns noch so verständlich und berechtigt.

Dem sei eine Schlussbemerkung zur Psychohygiene der Restfamilie angefügt. Keiner von uns kann sich lupenreiner Gesundheit rühmen, weder im physischen noch im psychischen Bereich. Jeder Gesunde ist bloß vorläufig und mit allerlei Abstrichen gesund. Die Samen von Krankheit und Tod sind den Organismen eingestreut von Anbeginn der Welt an. Familienleben hat u. a. die Aufgabe, einander helfend zu begleiten, wenn diese Samen austreiben – bei dem einen früher, bei dem anderen mit winziger Schonfrist.

Hilfreiche Begleitung benötigt allerdings innerlich ausgeglichene, souveräne Begleiter. Mit einem verzweifelten Geheul der »Gesunden« ist dem Kranken nicht gedient. Im Übrigen: auch dem Sterbenden nicht. Deswegen sei es für die Angehörigen oberstes Gebot, ein Minimum an Abstand zum Kranken zu halten, ohne ihn allein zu lassen oder aufzugeben. Im Gegenteil, der Abstand soll dem Betreffenden ein Maximum an Selbstständigkeit und Eigeninitiative garantieren und dem Gesunden die Chance, sich stets aufs Neue in »Engelsgeduld« dem Kranken zuzuwenden. Nur aus einer heilsamen Distanz heraus kann man sich nämlich stets aufs Neue ins Gedächtnis rufen, dass nichts umsonst ist, was man in einen anderen investiert, für einen anderen aufopfert, an einem anderen leidet.

Der Weg, auf dem wir seelisch gehandicapte Menschen begleiten, ist gepflastert mit Misserfolgen, Rückfällen und Undurchschaubarkeiten aller Art, daran kommen wir nicht vorbei, und dennoch ist es ein Weg, der einem unerhört sinnvollen Ziel zustrebt. Sehr treffend formuliert habe ich dies in einem Adventsstück von *Oswald Gritsch*[18] gefunden, der seiner »Madame Elis« die Worte in den Mund legt:

WORTE DER »MADAME ELIS«:

»Genau weiß ich es nicht zu sagen, denn wenn ich den Weg vor mir sehe, so doch nur bis zum Horizont. Was dahinter liegt, verbirgt sich hinter Dunst und Nebel. Und was ich zu erkennen glaube, ist nur Vermutung, gestützt auf bescheidene Erfahrung, die mir Gewissheit gibt, dass alles, was wir aus ehrlicher Überzeugung und mit voller Hingabe tun, niemals verloren sein kann. Irgendwo in irgendeiner Form muss das, was wir hingeben, was wir verlieren, worauf wir verzichten – wieder erstehen; wie in der Natur auf wunderbare Weise das eine vergehen muss, um das andere hervorzubringen.«

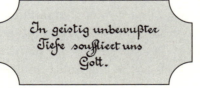

In geistig unbewußter Tiefe souffliert uns Gott.

Die Liebe ist stärker als der Tod

Die Arbeit mit hunderten von Ehepaaren, Eltern und erwachsenen Kindern hat mich gelehrt, dass es einen einzigen »point of no return« für das Familienglück gibt, und das ist der Punkt, *wenn einer definitiv nicht mehr will*. Nur wenn einer sein Ja zur Familie gänzlich aufkündigt, ist Rettung unmöglich. Das Band ist durchschnitten.
Ansonsten kann die Familie alle Stürme überstehen. Die Beziehungsbande knirschen und überdehnen sich zwar, stöhnen und zerren, aber sie sind einzurenken. Einer hat den anderen belogen, betrogen, ist fremd gegangen? Einer hat illegale Taten begangen und ist im Gefängnis gelandet? Einer hat das Vermögen der Familie verwirtschaftet, die gemeinsame Alterssicherung ruiniert? Einer hat sich jahrelang von seiner schäbigsten Seite gezeigt? Einer siecht ans Bett gefesselt dahin? Wenn die Menschen wirklich wollen, können sie *heute* miteinander neu anfangen. Der Potenz nach ist Innovation im Menschen drinnen bis zu seinem letzten Atemzug. Der Potenz nach kann Zuneigung das Bluten aller Wunden stoppen. Der Potenz nach ist einer Kehrtwende im zwischenmenschlichen Zusammenspiel kein Limit gesetzt. Vernunft, Lebenserfahrung und Großmut eilen freudig herbei, die Fantasie stellt ihre grenzenlose Weite zur Verfügung, sobald sich der »gute Wille« einer Person in Richtung Neuanfang bewegt. Man kann einem feige flüchtenden Ehemann verzeihen, eine wild gewordene Mutter besänftigen, ein abgetriebenes Kind um Entschuldigung bitten, man kann den eigenen Grausamkeiten ins Gesicht blicken und reuig tilgen, was selbstverschuldet war. Man kann ... wenn man will; aber *ob man will*, muss im stillsten und frömmsten Winkel der Einsamkeit entschieden werden, spätestens am Toten-

bett. Der Wille des Menschen ist sein Himmel- und Höllenreich; und so gerinnt denn das Leben dessen, dem die Stunde schlägt, zu seinem eigenem Himmel oder zu seiner eigenen Hölle, je nachdem, was darin realisiert worden ist – unter seiner Ko-Regie! Der berühmte Dichter *Stefan Zweig* ließ eine seiner Arztfiguren eine Art Lebensbilanz ziehen und legte ihr ein bewegendes Resümee in den Mund, das – in Übertragung – jedem zu wünschen ist, der sich jemals als Mitglied einer Familie verstand:

AUS EINEM ROMAN VON STEFAN ZWEIG[19]:

»Glauben Sie mir, als Arzt und gerade als Arzt hat man selten ein ganz reines Gewissen. Man weiß, wie wenig man wirklich helfen kann, man kommt als Einzelner nicht auf gegen die Unermesslichkeit des täglichen Jammers. Man schöpft nur mit einem Fingerhut ein paar Tropfen weg aus diesem unergründlichen Meer, und die man heute geheilt glaubt, haben morgen schon wieder ein neues Gebrest. Immer hat man das Gefühl, zu lässig, zu nachlässig gewesen zu sein, dazu kommen die Irrtümer, die Kunstfehler, die man unvermeidlich begeht – da bleibt es immerhin ein gutes Bewusstsein, wenigstens *einen* Menschen gerettet zu haben, *ein* Vertrauen nicht enttäuscht, *eine* Sache richtig getan zu haben. Schließlich muss man wissen, ob man nur dumpf und dumm hingelebt hat oder für etwas gelebt. Glauben Sie mir ... es lohnt sich schon, etwas Schweres auf sich zu nehmen, wenn man es einem anderen Menschen damit leichter macht.«

☙❧

Das Hervortretende an dieser Kurzbilanz ist der Erkenntnisumschwung in der zweiten Hälfte des Textes. Zunächst registriert der Arzt rückschauend seine Kleinheit und Ohnmacht. Beim lebenslangen Arbeiten, Wirken, Helfen schöpfte er mit dem Fingerhut. Mehr an Effekten gibt es bei niemandem von uns. In meinem Metier, der Seelenheilkunde, sind sie sogar noch geringer. Da schöpfen wir mit »Fingerhütchen«. Auch die Nachlässigkeiten und Irrtümer, die der Arzt in seiner Rückschau bedauert, sind uns allen bekannt. Wie viel Falsches haben wir mit Fingerhüten und -hütchen geschöpft, wie viel Wichtiges ist ungeschöpft zurückgeblieben.

Auf dieser Erkenntnisbasis passiert bei *Stefan Zweig* die Eroberung einer übergeordneten Erkenntnisstufe. Es darf sich dennoch »selig preisen«, wer wenigstens *einen* Menschen gerettet, *ein* Vertrauen nicht enttäuscht, *eine* Sache richtig getan hat. *Der* hat nicht dumpf und dumm dahingelebt. Welch eine tröstliche Botschaft aus dem Intuitionsfundus des Dichters! Die Übertragung auf die Familie bietet sich ideal an. Selig, wer Schwieriges auf sich genommen hat, um es *einem* Familienmitglied leichter zu machen! *Er* hat nicht umsonst gelebt.

Hierzu ein paar ergänzende Aphorismen aus jenem Intuitionsfundus der Dichter, der an Weisheitsschätzen so reich ist, dass wir genau genommen nichts anders zu machen brauchten, als sie kraftvoll umzusetzen, um positive Lebensbilanzen zu schreiben:

APHORISMEN ZUM NACHDENKEN UND UMSETZEN:

Es gibt kein Wunder für den, der sich nicht wundern kann.
(Marie von Ebner-Eschenbach)

Die Qualität des Tages beeinflussen zu können, ist die höchste aller Künste.
(Thoreau Walden)

Wer hofft, ist sich selbst immer ein paar Schritte voraus.
(Fridolin Stier)

Es gibt nur *eine* Sackgasse im Universum, und das ist die eines verschlossenen Geistes.
(John F. Williams)

Wer nicht zufrieden ist mit dem, was er hat, wäre auch nicht zufrieden mit dem, was er möchte.
(Berthold Auerbach)

Wir selber müssen hell werden, wenn die Welt ein klein wenig heller werden soll.
(Reinhold Schneider)

Es erübrigt sich zu betonen, dass die obigen Aphorismen einen herrlichen Bogen von der Dichtung zur Wahrheit spannen. Deshalb möchte ich diesem Bogen nachfahren, indem ich die *Zweigsche* Botschaft im Gewand einer authentischen Erzählung von *Wolfgang Löhe* ans Licht der Wahrheit rücke. *Wolfgang Löhe* hat im vorgerückten Alter auf Drängen seiner Familie seine Memoiren niedergelegt und dabei seiner geliebten Eltern gedacht. Im Kontext des Weihnachtsfestes 1945 hat er ihnen ein Denkmal gesetzt, aber nicht nur ihnen. Er hat der *Liebe* ein Denkmal gesetzt, die – »wie uns die Alten sungen« – stärker ist als der Tod.

AUS DEN MEMOIREN VON WOLFGANG LÖHE:

»Mit vier Jahren erlebte ich erstmals die Vorweihnachtszeit ganz bewusst mit all ihrem Zauber und Geheimnis. Wir Kinder konnten in jener Zeit – 1945 – wirklich keine großartigen Geschenke erwarten und mit üppigen Festlichkeiten rechnen. Es waren vielmehr die kleinen Dinge, die uns mit Vorfreude erfüllten. Wir dachten an den Baum und seinen Schmuck, an die Lichter und ihren Glanz, an die Stube und ihren weihnachtlichen Duft. Mit allen Sinnen warteten wir auf das große Fest und die vielen kleinen Dinge, die es zu sehen und zu hören, zu riechen und zu schmecken, zu fühlen und zu erleben gab.

Für unsere Mutter war diese wunderbare Zeit der Lichter und Geheimnisse von dunklen Schatten und tiefem Bangen überdeckt. Noch immer hatte sie keine Nachricht von unserem Vater. Die Hoffnung, dass er noch lebt und aus russischer Gefangenschaft nach Hause kommt, musste immer wieder gegen die Angst und Sorge um sein Ergehen ankämpfen.

Es wird Heiligabend. Die Spannung in den Kinderherzen erreicht ihren Höhepunkt. Aufgeregt rennen wir durch die Wohnung. Es klingelt, der Postbote bringt einige Briefe. Mutter setzt sich an den Tisch und beginnt zu lesen. Wir springen davon, lachen und singen, toben und balgen. Als wir in die Küche kommen, bleiben wir erschrocken stehen und verstummen. Mutter sitzt über einen Brief gebeugt, der in ihren Händen zittert, und weint. Die Tränen laufen auf den Brief hinab, tropfen auf die Erde. Nur mühsam gelingt die Erklärung: Ein Kriegskamerad hat uns mitgeteilt, dass unser Vater in einem russischen Gefangenenlager erkrankt und am 15. Oktober verstorben ist.

Obwohl das ganze Ausmaß der Schreckensnachricht nicht in unsere Kinderherzen eindringen kann, spüren wir, dass etwas zerbricht, zusammenstürzt und abreißt. Wir drücken uns an die Mutter. Traurigkeit erfüllt den Raum. Die Tränen mischen sich. Lange finden sich keine Worte. Es ist totenstill. Mitten hinein in die stumme Verzweiflung dringt meine kindlich besorgte Frage: ›Mutti, fällt Weihnachten jetzt aus?‹ Meine Mutter stutzt, gibt sich einen Ruck, nimmt mich in den Arm und sagt: ›Nein, jetzt feiern wir erst recht Weihnachten!‹ Und dann beginnt meine Mutter, ihre Traurigkeit und ihr Leid damit zu bewältigen, dass sie uns Kindern die Weihnachtstage gestaltet ...«

Ja, das ist nicht erdichtet, sondern wahr. Aber manchmal – ist die Wahrheit ein Gedicht.

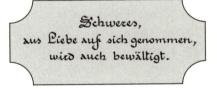

Schweres, aus Liebe auf sich genommen, wird auch bewältigt.

Eine Bildgeschichte zum Ausklang

In der Familie pflanzt sich das Leben über die Generationen fort. Das ist das dringende Anliegen der Natur.

Im Familienglück pflanzt sich *die Liebe* über die Generationen fort. Das ist der heiligste Auftrag des Menschen.

Zum »Pflanzen« und »Fortpflanzen« eine abschließende Geschichte ohne Worte[20]:

BILDGESCHICHTE:
»OPAS TOD«

Anmerkungen

1 Aus einem Vortrag von Reinhard Tausch, gehalten am 28.4.1997 in Dornbirn, publiziert im ORF-Studioheft Vorarlberg, 30. Ausgabe, November 1998, Seite 40

2 Aus »Ein Süppchen für die Seele«, hrsg. v. Lia Franken, Scherz, Bern, 1997, Seite 49 ff.

3 Aus: Josef M. Werle (Hrsg.), »Deutsche Fabeln aus tausend Jahren. Eine Anthologie«, Goldmann, München 1998, S. 206

4 Viktor E. Frankl, »Ärztliche Seelsorge«, Deuticke, Wien, 10. Auflage 1982, S.87

5 Quelle unbekannt

6 Aus einer Tonbildschau von Wendelin Ruchti, Laupheim, 1998

7 Aus: J. Kornfield / C. Feldman, »Geschichten, die der Seele gut tun«, Herder, Freiburg, 1998, S.36

8 Aus: »Es geht oiss vorbei. Ein literarischer Trost aus Bayern«, ausgewählt u. eingeleitet von Lisa Röcke, W. Ludwig Verlag, München, 1991

9 Aus: »Kirchenkalender 1998«, hsg. von Brigitte Enzner-Probst, Irene Löffler, Hanna Strack, Hanna Strack-Verlag, Zorneding 1997, Seite 58

10 Deborah Tannen, »Das hab' ich nicht gesagt!«, Ernst Kabel, Hamburg, 1992, S. 21/22

11 Reinhold Stecher, »Heiter-besinnlich rund um den Krummstab«, Tyrolia, Innsbruck, 8. Aufl. 1997, S. 27/28

12 Reinhold Stecher, »Heiter-besinnlich rund um den Krummstab«, a.a.O., S. 36

13 Aus: »Deutsche Fabeln aus tausend Jahren. Eine Anthologie«, hrsg. von Josef M. Werle, Goldmann, München, 1998, S. 253

14 Viktor E. Frankl, »Ärztliche Seelsorge«, Fischer TB, Frankfurt/Main, 7. Auflage 1998, Kapitel: »Vom Sinn der Liebe«, S. 166 ff.

15 Aus: J. Kornfield/C. Feldman, a.a.O., S. 141

16 Das Therapieprotokoll stammt aus Seminarunterlagen von Mara S. Palazzoli, die in Mailand ein Zentrum für systemische Familientherapie leitete.

17 Vgl. dazu: Viktor E. Frankl, »... trotzdem Ja zum Leben sagen. Ein Psychologe erlebt das Konzentrationslager«, dtv, München, 18. Aufl. 1999

18 Aus einem unveröffentlichten Manuskript von Oswald Gritsch, Baden (Österr.)

19 Stefan Zweig, »Ungeduld des Herzens«, Otto Müller, Salzburg, 1970, S. 346

20 Entnommen aus: »Bildgeschichten zur Bibel. Arbeitsmaterialien für Religionsunterricht, Gemeindekatechese, Jugendarbeit und Familiengottesdienste«, hrsg. von Cornelius Busch, Ludwig Auer, Donauwörth, 1990, S. 159

Über die Autorin

Frau Dr. phil. habil. Elisabeth S. Lukas, geb. 1942 in Wien, ist approbierte Psychologische Psychotherapeutin mit fast 30-jähriger praktischer Erfahrung. Als ehemalige Schülerin von Viktor E. Frankl hat sie die von ihm begründete sinnzentrierte Psychotherapie namens »Logotherapie und Existenzanalyse« in deren Anwendungstechniken verfeinert und für neue Einsatzgebiete (z. B. in der »sinnzentrierten Familientherapie« oder in der Selbsterfahrung mittels »geführter Autobiografie«) aufgeschlossen. Neben ihren wissenschaftlichen Arbeiten (z. B. der Entwicklung des »Logo-Tests« zur psychometrischen Erfassung von »innerer Sinnerfüllung« und »existenzieller Frustration«) fanden auch ihre hocheffizienten Kombinationspraktiken (z. B. Logotherapie mit Bibliotherapie, Verhaltenstherapie, Entspannungstechniken etc.) großen Anklang in der Kollegenschaft.

Frau Dr. Lukas ist Hochschuldozentin an der »Internationalen Akademie für Philosophie« im Fürstentum Liechtenstein und hatte überdies Lehraufträge an bisher 50 Universitäten im In- und Ausland inne. 1991 wurde ihr von der Santa Clara University in Kalifornien die Ehrenmedaille für »Outstanding contributions in Counseling Psychology to the World Community« verliehen. Sie hat rund 30 Bücher zu logotherapeutischen Themen geschrieben, die in 12 Fremdsprachen übersetzt worden sind. In der 1982 von ihr mitbegründeten »Deutschen Gesellschaft für Logotherapie und Existenzanalyse e. V.« war sie 15 Jahre lang Vizepräsidentin. Seit 1986 ist sie die fachliche Leiterin des »Süddeutschen Instituts für Logotherapie GmbH« in Fürstenfeldbruck bei München. Das Institut bietet sowohl logotherapeutische Beratung/Behandlung in allen Lebenslagen an als auch eine profunde Aus- und Fortbildung in der originären Franklschen Logotherapie.

Anschrift der Autorin:

Süddeutsches Institut für Logotherapie GmbH
Geschwister-Scholl-Platz 8
D–82256 Fürstenfeldbruck
Tel.Nr.: 08141/18041, Fax.Nr.: 08141/15195
E-Mail: SIL@logotherapie.com

Auswahl aus dem Schrifttum der Autorin:

»Auch dein Leiden hat Sinn. Logotherapeutischer Trost in der Krise«, Herder, Freiburg, 6 Auflagen 1981 – 1998

»Heilungsgeschichten. Wie Logotherapie Menschen hilft«, Herder, Freiburg, 1998, überarbeitete Neuausgabe in Vorbereitung

»Rendezvous mit dem Leben. Ermutigungen für die Zukunft«, Kösel, München, 2000. Abgedruckt im Blindenschrift-Verlag »Pauline von Mallinckrodt«, Andreasstraße 20, 33098 Paderborn. Dazugehörige CD: »Ermutigungen für die Zukunft« mit Musik von Michael Habecker, Kösel, München, 2001

»Lehrbuch der Logotherapie. Menschenbild und Methoden«, Profil, München, 1998

»Worte können heilen. Meditative Gedanken aus der Logotherapie«, Quell, Gütersloh, 1998

»Sehnsucht nach Sinn. Logotherapeutische Antworten auf existenzielle Fragen«, Profil, München, 2 Auflagen 1997 – 1999

»Urvertrauen gewinnen. Logotherapeutische Leitlinien zur Lebensbejahung«, Herder, Freiburg, 2 Auflagen 1997 – 1999

»Alles fügt sich und erfüllt sich. Die Sinnfrage im Alter«, Quell, Gütersloh, 4 Auflagen 1994 – 2000. Dieses Buch wurde auf Kassetten gesprochen; auszuleihen bei der »Deutschen Blinden-Hörbücherei (in der Deutschen Blindenstudienanstalt e. V.), Postfach 1160, 35001 Marburg / Am Schlag 2 a, 35037 Marburg.

»Psychotherapie in Würde. Logotherapeutische Lebenshilfe nach Viktor E. Frankl«, Psychologie Verlags Union, Weinheim / Bergstr., 1994

»Wie Leben gelingen kann. 30 (31) Geschichten mit logotherapeutischer Heilkraft«, Quell, Gütersloh, 4 Auflagen 1996 – 2000. Dieses Buch wurde für Blindenbüchereien auf Kassetten gesprochen; auszuleihen bei: Dr. Hans-Eugen Schulze, Albert-Braun-Straße 10 b, 76189 Karlsruhe.

»Weisheit als Medizin. Viktor E. Frankls Beitrag zur Psychotherapie«, Quell, Gütersloh, 1997

»Spirituelle Psychologie. Quellen sinnvollen Lebens«, Kösel, München, 2 Auflagen 1998

»Wertfülle und Lebensfreude. Logotherapie bei Depressionen und Sinnkrisen«, Profil, München, 1998

»In der Trauer lebt die Liebe weiter«, Kösel, München, 3 Auflagen 1999–2000. Dieses Buch wurde von der Blindenbibliothek der Schweizerischen Caritasaktion der Blinden (CAB) auf Kassetten gesprochen; auszuleihen bei: CAB, Hinterdorfstraße 29, CH–8597 Landschlacht.

»Lebensstil und Wohlbefinden. Logotherapie bei psychosomatischen Störungen«, Profil, München, 1999. Abgedruckt im Blindenschrift-Verlag »Pauline von Mallinckrodt«, Andreasstraße 20, 33098 Paderborn.

»Konzentration und Stille. Logotherapie bei Tinnitus und chronischen Krankheiten. Nachwort von Helmut Schaaf«, Profil, München, 2 Auflagen 2000 – 2001

»Auf den Stufen des Lebens. Meine bewegendsten Fallbeispiele aus der Seelenheilkunde nach Viktor E. Frankl«, Quell, Gütersloh, 2001

In Vorbereitung:

»Verlust und Gewinn. Logotherapie bei Beziehungskrisen und Abschiedsschmerz«, Profil, München 2001

Wege zum *Lebenssinn*

Elisabeth Lukas
RENDEZVOUS MIT DEM LEBEN
Ermutigungen für die Zukunft
182 Seiten. Farbtafeln.
Gebunden
ISBN 3-466-36540-6

Elisabeth Lukas macht Mut, sich von Lebensproblemen nicht beherrschen zu lassen, sondern kreativ mit ihnen umzugehen. Trotz Verunsicherungen und Ängsten haben wir die Chance, im Alltag Kraft und Sinn zu entdecken. Wer Stütze sucht, findet sie in diesem Buch: konkrete Vorschläge, das Leben anders, tatkräftiger und vertrauensvoller anzugehen.

Zum Buch gibt es eine **CD**, auf der Elisabeth Lukas einlädt, über textliche und musikalische Impulse der Frage nach dem Sinn im Leben nachzuspüren.

Einfach lebendig.
PSYCHOLOGIE & LEBENSHILFE

Elisabeth Lukas
ERMUTIGUNGEN FÜR DIE ZUKUNFT
Mit Musik von Michael Habecker
80 MINUTEN
ISBN 3-466-45731-9

Kösel-Verlag, München, e-mail: info@koesel.de
Besuchen Sie uns im Internet: www.koesel.de

Immer gibt es Sinn im Leben

Elisabeth Lukas zeigt über konkrete Fallgeschichten aus ihrer therapeutischen Erfahrung Sinnpotenziale auf: Quellen authentischen Lebens erschließen sich, wenn Menschen ihre spirituellen Wurzeln erspüren.

Elisabeth Lukas
SPIRITUELLE PSYCHOLOGIE
Quellen sinnvollen Lebens
182 Seiten. Klappenbroschur
ISBN 3-466-36491-4

Elisabeth Lukas
IN DER TRAUER LEBT DIE LIEBE WEITER
Mit zahlreichen farbigen Fotos von Rita Briese
102 Seiten. gebunden
ISBN 3-466-36516-3

Einfach lebendig.
PSYCHOLOGIE & LEBENSHILFE

Trauerbewältigung ist seelische »Schwerstarbeit«. Dabei sind Trauernde häufig allein gelassen. In dieser Situation will das aus reicher therapeutischer Erfahrung erwachsene Buch stiller und Trost spendender Begleiter sein.

Kösel-Verlag, München, e-mail: info@koesel.de
Besuchen Sie uns im Internet: www.koesel.de